JN440509

뜻 위에 길을 만들다

흙수저 외교관 김현중의 글로벌 삶 이야기

뜻 위에 길을 만들다

흙수저 외교관 김현중의 글로벌 삶 이야기

김현중 지음

『뜻 위에 길을 만들다』 자서전 발간을 축하합니다

김현중 관장은 한국동란 중 농촌의 빈곤한 가정에서 태어나 자랐습니다. 일찍이 사회생활을 하다가 어려서부터 신문을 읽으며 싹튼 '해외로의 꿈'을 키워 글로벌 로드를 걸었습니다. 32년간 외교부에 근무하며 뉴욕, 베이징, 도쿄 등 해외 7개 지역에 20여 년간 주재했습니다.

정년퇴임 후 4년간 건양대학교에 몸담아 학생들의 해외 취업과 베트남, 중국 유학생 유치에 열정을 보여주었습니다. 그리고 유학생 유치와 국제교류협력 업무도 잘 수행해 주어 고맙게 생각하고 있습니다.

대학에서 퇴임 후에도 쉬지 않고 영화관이나 주차장에 나가 고객서비스 일을 한 것으로 압니다. 무슨 일이든 도전하는 자세와 용기를 높이 평가합니다.

김관장은 글로벌 외길을 걸어온 삶을 경험 삼아 고향 시골집에 외국의 다양한 소품을 전시해 놓고 교류해오고 있습니다. 대전국제교류센터를 운영하며 외국인들에게 우리 전통문화를 소개하거나 중 · 고등학교를 찾아다니며 청소년들에게 글로벌 시대에 부응하기 위한 자세를 강조하며 자신의 해외 경험을 전수해 왔습니다.

또한 지방자치단체 등의 국제화와 대학의 글로벌 전략 그리고 변화하는 중국, 베트남 등 외국의 사례를 지역 언론에 소개하며 '글로벌 전도사' 역할을 하고 있습니다.

도전적이고 열정적인 삶의 메시지를 공유하는 것은 의미가 있다고 생각합니다. 다시 한번 자서전 발간을 축하합니다.

건양교육재단설립자 겸 건양대학교명예총장

의학박사 명곡 김희수

책을 내면서

신록의 계절입니다. 어릴때 미끄럼타고 놀았던 뒷동산엔 진달래가 한창입니다.

2020년 1월 코로나 초기에 호치민과 타이페이에 들어갔다가 간신히 빠져나온 것이 엊그제 같은데 벌써 두 해째 집에서, 동네에서, 논밭에서 그리고 직장에서 보냈습니다. 이제 팬데믹 거리두기가 풀렸습니다. 다행입니다.

2020년은 '칠순의 해'였습니다. 남들처럼 '나이 기념' 책 한 권 내려는 계획이었습니다. 그러나 코로나 팬데믹이 막아서며 의욕을 꺾어 버렸습니다. 70년대 '조국근대화의 기수'로 출향(出鄕), 2011년 은퇴 후 40년 만에 귀향한지 10년을 갓 넘겼습니다. 100세 건강 인생시대의 이정표로 생각되어 책을 묶습니다.

우선 20여 년간 가족과 함께 글로벌 노마드로 뉴욕, 와가두구(부르키나파소), 타이페이. 베이징, 홍콩, 히로시마, 도쿄 등 해외 7개 지역을 떠돌며 지냈던 30~40여 년 전의 시시콜콜한 얘기들입니다. 40년 전의 먼지 묻은 사진을 꺼내 회상해 보았습니다. 이를 글로 표현하자니 워낙 글솜씨가 둔한 나에겐 고역이었습니다.

중·고등학교에 가서 미래의 주역이 될 학생들에게 "해외로 눈을 돌려라"며 소통했던 내용도 있습니다. 글을 쓸 당시는 시간에 쫓기고 어떻게 표현해야 좋을지 고민했던 기억이 있습니다. 기사화되었던 내용은 조금씩 손을 본 것도 있습니다.

시골집 외양간에 소박하게 꾸며 놓은 글로벌 소품관 '명곡(明谷)' 이야기도 있습니다. 남들이 보면 별거 아니지만 내 '글로벌 로드' 삶의 증거이며 자산입니다. 또 미래로 가는 이정표이기도 합니다. 은퇴 후 10년간 살아나온 '생생 리포트'도 있습니다. 해외 출장이나 여행하며 느낀 점도 적었습니다.

농사지으며 사는 이야기도 빼놓을 수 없습니다. 봄입니다. 논갈이도 하고, 거름도 뿌리며 1년 농사 준비를 합니다. 또 과수 가지치기도 하며 분주하게 움직여야 합니다. 이제 10년을 넘긴 농사꾼입니다. 적어도 3번은 풍월을 읊은 셈이지요. 초보는 벗어났다고 자부합니다. 지난해 농작물 수확 후 평가 해 보았습니다. 벼농사는 B, 참깨, 땅콩은 A+, 들깨, 무는 A, 고구마, 배추는 F의 성적입니다. "농사는 하늘과 동업이다" 라는 말이 있습니다. 핑계 같지만 농사는 날씨가 절대적인 것 같습니다.

태어나 자란 마을에 돌아와 농사지으며 대전국제교류센터와 건양대학교에 다녔습니다. 이어 CGV와 공영주차장에 나가며 고객 안내서비스 경험도 했습니다. 다시 지금의 건양교육재단의 역사관 근무로 이어졌습니다. 인맥과 운도 따랐습니다. 언론에 기고하며 나를 알려온 것도 도움이 되었습니다. 취재 보도된 것까지 하면 100여 건이 훌쩍 넘었습니다. 주로 지방의 국제화를 위한 제언이나 재외동포에 대한 애정, 대학에서의 글로벌 네트워킹, 외국의 사례에서 배울 점 등입니다.

'글로벌 로드'를 완주하고 나서 생각해 보니 몇 가지 잘 선택한 것이 있습니다. 먼저 어렸을 때부터 '글로벌 아이'를 가지고 바다 건너 외국을 보아온 것입니다. 자연히 글로벌 외길을 걷게 된 것 같습니다. 그러면서 우리와 비교해 보며 할 일들을 생각해 보았습니다. 두 번째는 첫 근무지 뉴욕에서 "사표 내고 주저앉으라" 는 유혹을 뿌리치고 마지막 도쿄까지 굴러온 것입니다. 또 중국어, 프랑스어, 일본어 등 외국어와 역사, 문화를 배우고, '현지화(Localization) 제일주의'를 실천해 온 것입니다. 마지막으로 일본, 대만, 홍콩 등 우리와 가까운 곳에 근무한 것도 은퇴 후 도움이 되고 있습니다. 나의 글로벌 로드는 계속 이어집니다.

도전과 열정으로 살아나온 '뜻 위에 길을 만들며 걸어온 길'…, 스페인 산티아고 순례길 못지않은 어려움과 힘든 때도 있었습니다. 가는 곳마다 몸을 낮추고 배우며 나만의 길을 닦아 나갔습니다. 북경에서는 중어중문학과 출석 수업을 위해 그리고 히로시마에서는 성균관대학원 졸업 논문 마무리를 위해 귀국해야 했습니다. 그래도 복받은 인생이었습니다.

글이 무미건조합니다. 천성이 유머 감각이 없고 공문 작성에 익숙해진 스타일이라 더 그렇겠죠. 자식은 물론 손주들이 읽게 될 책이기에 내 삶 그대로의 이야기를 썼습니다. 요즘 트렌드와는 어울리지 않는 스토리도 있을 것입니다. 너그러운 마음으로 이해해 주시기 바랍니다.

글로벌 로드를 걸어오는 동안 가족들이 잘 따라주고 도와주어 무사히 오늘에 이르렀습니다. 수십 차례 쌌다가 푼 이삿짐, 미국 플로리다와 중국 북경에서 여행 중 자동차 고장으로 큰 위기를 넘기며 고생했던 일, 아프리카 최고의 오지 부르키나파소에서 군사쿠데타가 일어나 탕! 탕! 탕! 총소리에 겁먹고 숨었던 일, 또 말라리아 증세가 심해 한밤중에 의사를 찾았던 일, 대만에서 지진으로 크게 흔들려 식탁 밑으로 피했던 일 등등. 그때마다 잘 버티고 용기와 응원을 불어넣어준 아내 최영애, 딸 김선정, 김유미에게 고마움을 전합니다.

이 책이 오늘날 무한경쟁의 글로벌시대를 다시 인식하고 해외로 눈을 돌려보는 뜻을 갖게 되는데 기여하기를 바랍니다. 길이 없으면 길을 찾아야 합니다. 없으면 길을 만들어야 합니다. 따뜻한 응원에 깊이 감사드립니다.

2022년 봄

대전의 끝자락 명막산 아래 명곡재(明谷齋)에서

김 현 중

차례

제3부 100세 건강인생시대를 살아가는 지혜 • 148

제4부 김현중 컬럼, 기고문, 보도기사 • 188

제1부

7개 도시의 추억 속으로 들어가다

(뉴욕, 와가두구, 타이페이, 베이징, 홍콩, 히로시마, 도쿄)

어릴 때부터 기차 타고 대전으로 통학하며 유난히 바다 건너 외국을 동경하게 되었다. 우리와는 달리 도회지에 나가 사셨던 작은 어머님댁에 가면 “현중이는 언제나 뭘 읽고 있어”라고 말씀하셨던 기억이 있다. 그것은 바로 신문이었다. 신문은 내 인생의 나침반이었다. 영어 과목을 좋아했었다. 단어 암기하는 것도 흥미로웠다.

‘산업전사’ 생활을 하다가 우연한 기회에 공직에 입문했다. 군은 카투사 생활을 하며 ‘미국물’도 마셨다. 뜻 위에 길을 만든 흙수저 김현중은 외교부에서 32년간 ‘글로벌 로드’ 를 걸었다.

내가 탄 ‘글로벌 트레인’은 1981년 ‘멜팅 폿’ 뉴욕에서 출발하여 1987년 아프리카의 오지 부르키나파소, 1989년 보물섬 대만의 타이페이, 1994년 만리장성의 베이징, 1996년 동서양의 접점 홍콩, 2002년 인류 최초의 원폭 피해지 일본 히로시마를 거쳐 2011년 세계 최대의 광역도시 도쿄에서 멈췄다.

제1부는 40여 년 전 뉴욕에서부터 10여 년 전 도쿄까지의 추억이다. 어디 가서나 현지어 공부하고 좋아하는 여행 다니며 잘 보냈다. 평범하지만 열정이 담긴 스토리다.

첫 출발지, '멜팅 폿' 뉴욕

딱 서른의 나이… 1981년 봄 첫 해외 근무지 유엔 대표부 3등 서기관으로 부임했다. '글로벌 트레인' 티켓을 받아 뉴욕에 가게 되어 마냥 좋았다. 어린 시절 열차 타고 통학하며 품은 '세계를 향한 뜻'은 아메리칸 드림으로 이어졌다.

적지 않은 규모 공관의 살림도 해야 했고 손님 치다꺼리로 케네디 공항 출영도 잦았다. 당시 반기문 전 유엔사무총장님은 본부 유엔과장으로 뉴욕에 자주 오셨다. 차를 타고 이동할 때도 늘 자료를 보시며 일하시는 모습, 그리고 공관의 여직원 생일까지 챙겨주시는 세심한 배려에 깊은 감명을 받았다. 내 인생의 롤 모델이시다.

1983년 아웅산 묘역 테러사건과 대한항공 007편 격추사건으로 유엔에서 토의 및 결의안 채택 등이 진행되어 눈코 뜰 새 없었다. 대개 첫 임지에서 골프를 시작하는 것이 관례인데 그러지도 못했다.

뉴욕 부임을 축하하기 위해 마중 나온 친구들(김포공항)

뉴욕에 가서 영어 때문에 큰 어려움은 없었다. 카투사 군 복무 시절 미국의 도시와 농촌 그리고 푸에르토리코, 괌 등에서 온 GI(미군)들과 같이 3년간 뒹굴며 미국 문화를 경험한 것이 도움이 되었다.

미국에 온 기회에 영어를 배워보려고 평일에는 UN 영어 프로그램에 참가했다. 같은 반에 중국인들도 있어 교류했다. 당시 친하게 지냈던 楊大昌 선생의 안부가 궁금하다. 중국은 우리와 미수교국이었다. 미지의 공산사회주의 국가라 호기심이 많았었다. 주말에는 뉴욕대학(NYU) 영어학습반에 다녔다.

매주 수요일에는 영어가 모국어가 아닌 외국인들에게 언어교육 봉사를 하는 English Speaking Union Club에 나가 시간을 보냈

뉴욕대(NYU)에서 같이 공부했던 클라스메이트

다. 가끔은 파트너들과 어울려 영화도 보고 맨하탄 골목길도 걸으며 뉴요커처럼 지내보려 애썼다. 뉴욕타임스에서 본 정보를 이용한 것이다.

뉴욕에서 뉴욕타임스를 읽으며 지낸 것도 큰 복이었다. 연중 쉬는 날 없이 나와 더 좋았다. 주말에는 키오스크에 가서 한 아름 분량의 주말판 신문을 사다가 보며 시간을 보내는 습관도 들었다. 신문 기사를 보고 여기 이것, 저기 저것 발품 팔아보며 미국 사회를 배워나갔다. 모든 게 신기했다. 당시는 지금같이 총기사고도 많지 않아 자유롭게 쏘다녔다.

뉴욕에서 아찔한 교통사고에 끼어들어 놀란 적이 있다. 나는 출장 나온 직원을 태우고 맨해튼 UN 본부 사거리에서 신호를 받아 출발했었다. 이때 꼬리물기로 질주해 오던 다른 승용차가 전복되었다. 차안에서 마시던 맥주가 쿨쿨 새 나왔다. 나는 버스 등 다른 차와 같이 출발했던 것이다. 다행이 인명사고는 없었다. 음주운전에 신호위반을 한 상대 운전자로 부터 고소당해 몇 번 진술한 적이 있었다. 버스 운전자의 증언으로 종료되었다. 미국은 '변호사 사회'다. 큰일 날뻔 했던 추억이다.

미국은 열심히 일한 만큼의 보상이 따르고, 자녀교육과 의료제도가 좋고 생활이 편해 전 세계인들이 미국 땅을 밟으려 기를 쓰는구나 하는 생각도 들었다. 중학교 때 대전역 앞 은행 휴지통에 버려진 신문지를 꺼내 읽으며 키운 나의 '글로벌 아이'는 세계의 심장부 '멜팅 폿' 뉴욕에서 더 넓은 세상을 볼 수 있게 해 주었다.

첫 해 휴가는 겨를이 없어 반납했다. 두 번째 해는 자동차를 몰고 나이아가라 폭포를 거쳐 토론토, 오타와, 몬트리올에 다녀왔다. 몬트리올에서 동료도 만났다. 그는 지금도 캐나다에 살고있다. 이른바 뉴욕주 스루웨이(NY State Thruway)를 왕복했다. 캐나다 온타리오호 Thousand Islands 부근 주택을 예약해 1박 한 적이 있다. 귀신 나올 것 같은 고풍스러운 대 저택의 분위기에 가족 모두 등골이 오싹했던 추억이 있다.

국경을 넘어보면 캐나다는 조금 시골스럽고 한가로워 보인다. 문

플로리다 케네디 우주센터

서른의 나이…

1981년 봄 첫 해외 근무지

주유엔대표부에 부임했다.

'글로벌 트레인' 티켓을 받아 뉴욕에 가게 되어

마냥 좋았다.

어린 시절 열차 타고 통학하며 품은

'세계를 향한 뜻'은

아메리칸 드림으로 이어졌다.

워싱턴 국회의사당

화의 차이를 미국은 멜팅 폿(Melting Pot), 캐나다는 모자이크로 비교한다. 미국은 이민자들에게 '미국화'의 동질성을 배우게 한다. 그러나 캐나다는 모국문화를 유지하도록 하면서 캐나다 사회에 기여하도록 한다. 기회되면 캐나다 동부 퀘벡에서 출발하여 위니펙, 칼가리, 밴쿠버에 이르는 동서 횡단 철도여행을 하고 싶은 마음이다.

마지막 해에는 뉴욕에서 플로리다의 맨 끝 키웨스트까지 캠핑여행을 다녀왔다. 날씨가 좋으면 공원에 들어가 텐트를 치며 1주 동안 여정을 따라 내려가고, 뉴욕으로 돌아오는 3천여 마일의 대장정이었다. 다행히 날씨가 아주 좋지 않은 3일만 모텔에 묵었다.

미국 동부를 종단하는 1번 하이웨이를 따라 필라델피아 자유의 종, 링컨의 게티스버그 유적지를 거쳐 워싱톤에 갔다. 동료의 집에 묵으며 미래의 삶에 대해 토론하고 신세타령도 했다. 그는 현지에 주저앉아 문방구 사업하며 살고 있다.

애팔라치안 산맥 위 블루릿지 파크웨이는 환상적인 마운틴 뷰의 도로였다. 루레이 동굴, 스모키 마운틴 인디언보호구역, 아틀란타를 거쳐 월트 디즈니월드 리조트 EPCOT 센터가 있는 올랜도의 오랜지 농장 옆에서 캠핑을 했다.

키웨스트는 1번 국도가 끝나는 곳으로 어니스트 헤밍웨이가 1954년 '노인과 바다'로 노벨상을 받은 소설의 무대다. 수평선 저 멀리서 주인공 '산티아고'가 삶의 모든 순간에서 늘 희망을 발견하려고 애쓴 모습이 어렴풋이 보이는 느낌이었다. 쿠바의 수도 하바나까지는 170여 km로 가깝다. 쿠바 라디오 방송도 들린다.

돌아올 때는 마이애미, 케네디우주센터, 서배너 등을 거쳤다. 마이애미 근처를 지나다 갑자기 앞 타이어가 펑크나 차가 확 앞으로 쏠리는 바람에 온 가족이 크게 놀란 적이 있었다. 휴가에서 돌아오니 사무실의 한 직원은 뉴욕에서 플로리다 남단을 자동차로 왕복한 첫 케이스라며 엄지척을 세워주었다. 겨우 돌 지난 뉴욕산 둘째 딸의 기저귀를 갈며 무모하게 도전한 여행이었지만 성공적이었다.

뉴욕에서 주말에는 사과 따기 체험도 하고 벼룩시장과 축제장도 찾으며 만끽했다. 난생 처음으로 스키장에도 갔다. 일행 중 한 명이 발목을 다치는 사고가 나 주동자인 내가 꾸지람을 들은 적도 있었다.

첫 해외근무지 뉴욕에서의 생활은 빠듯했다. 월 1500달러 받아 3분의 1은 집세로 나갔다. 귀국 후 주택청약을 위해 재형저축까지 들어 더했다. 그래도 아내는 푼돈을 아껴 니콘 카메라를 사기도 했다.

가끔은 현지에서 사표 내고 식품점이나 세탁소 등 자영업을 하며 미국생활을 하고 있는 선배들과 어울리며 나의 미래를 생각해 보기도 했다. 3년이 되어 귀국하라는 명령을 받자 고민에 빠졌다. 사표 내고 멜팅 폿 뉴욕에서 야채가게, 생선가게, 세탁소 하며 미국 사회에서 승부를 걸어볼까?

그러나 어렵게 얻은 '글로벌 여행 티켓'이 너무나 아까워 짐을 쌌다. 후회는 없었다. 나의 글로벌 역마살 여정의 첫 단추는 그렇게 끼워졌다. 1988년 서부 아프리카의 부르키나파소에 근무할 때 뉴욕을 경유하며 다시 들렀다. 또 2000년 브라질, 콜롬비아, 멕시코 등 중남미 지역에 출장 다녀오면서도 찾았다. 뉴욕에 가면 당시 같이 근무하며 정을 쌓았던 분들 그리고 나와 같은 시기에 부임했다가 '현지의 유혹'에 넘어가 지금은 어엿한 사업가로 변신한 옛 동료들과 회포를 풀곤 했다.

뉴욕은 1982년 둘째 딸이 태어난 곳이다. 미국식으로 주소 표기하는 스타일이 '뉴욕, 미국'이니 뉴(유)미로 이름을 지었다. 유미는 대학원 과정을 공부하려고 고향 뉴욕으로 유학 가 반려자를 만나 결혼했다. 손주 둘이 태어난 곳이기도 하다. 마치 첫사랑의 연인처럼 영원히 잊을 수 없는 미국의 고향이다.

또 여행 얘기다. 뉴욕에서 시카고, 네브라스카, 와이오밍을 거쳐 시애틀 찍고 남하하여 샌디에이고, 피닉스, 달라스, 뉴올리안스, 켄터키에 이르는 미대륙 북부, 남부 횡단 여행에 도전해 보고 싶다. 100세 건강인생 대열에 낙오되지 않으면 가능할 것이다.

5년 전 겨울 뉴욕에 갈 기회가 있었다. 3년간 정들었던 유엔본부 주위를 맴돌아 보았다. 그때 자주 다니던 중국식당도 보였다. 핫엔사워 수프(일명 산라탕)의 시고 매콤한 맛이 떠올랐다. 옛 쌍둥이 빌딩터에 만든 '911 메모리얼 파크'를 찾아 한참 동안 고개를 숙였다. 당시 쌍둥이 빌딩을 관통하는 항공기테러 장면… Unbelievable!, 너무나 끔찍하다. 더 이상 그 영상은 보기 싫어졌다.

다시 가고픈 아프리카의 고향, 와가두구

1987년 봄, 두 번째 해외근무지 서부 아프리카의 주부르키나파소 대사관에 부임했다. 당시는 유엔에서 남북이 표 대결을 할 때였다. 자원도 빈약하고 교민이 없는 나라라도 현지에 공관을 개설하고 있었다.

파리에서 6시간 남쪽으로 날아가면 부르키나파소다. 당시 '토마스 산카라' 국제공항은 먼지가 풀풀나는 시골 간이역 수준이었다. 80년대 중반 정무장관이던 노태우 전 대통령이 특사로 부르키나파소를 방문했을 때 공항에서 직원들을 끌어안고 같이 울음을 터트렸다는 일화를 전해 들었다. 그만큼 아프리카 중에서도 생활환경이 열악한 곳으로 니제르, 중앙아프리카, 수단 등과 함께 아프리카 오지 중의 오지 국가이다. 연평균 섭씨 28도의 고온 건조 기후다.

부르키나파소는 1984년 혁명 이전까지는 '오트볼타'(프랑스어로

'정직한 사람의 땅' 이라는 뜻의 부르키나파소

볼타강의 상류)였다. 아프리카 대륙 54개국 중 21개 프랑스어권 나라의 하나이다. 볼타강은 부르키나파소에서 가나를 지나 기니만으로 흐른다.

가장 큰 부족은 모시족, 언어는 모레어다. 절반 이상이 넘는다. 이들은 이웃 말리의 영향으로 대부분이 이슬람교도이다. 공용어는 프랑스어이다. 서민층에서는 많이 쓰이지 않는다. 주변의 나이지리아, 가나 사람들보다 온순한 편이다. '부르키나파소'(Burkina Faso) 의미는 '정직한 사람의 땅'이다. 망고 등 열대과일, 면화가 특산이다. 특히 면화는 GDP의 35%를 차지한다. 그 면화로 짠 천에 소박한 민속 풍경을 수놓은 식탁보를 오랫동안 사용했었는데 지금은 사라져 아쉽다.

나는 발령을 받자마자 종로학원가에 가 프랑스어 기초 과정을 수강하며 현지어 소통에 대비했다. 교재는 '모제'였다. 기초는 발음도 예쁘게 들리고 흥미로운 느낌이었다. 부임때 항공편이 연결되는 프랑스 파리에 있는 주프랑스대사관에 들렀다. 동료는 말라리아 예방약 '니바킨' 한 병을 건네며 몸에 좋은 비타민이라 생각하고 매일 한 알씩 먹으라고 일렀다. 고마웠다.

말라리아 균이 몸속에 오랫동안 잠재한다는 무서운 얘기를 듣고 나니 겁도 났다. 또 아프리카에서 말라리아로 직원 자녀와 심지어는 정부파견 의사도 목숨을 잃었다는 얘기도 있어 초기에는 불안에 떨었다. '생명약'으로 생각하고 착실히 먹었다. 그러나 6개월 후부터는 바뀌었다. 약이 독해 간에 좋지 않다고 하여 매일 안 먹는 대신 증세에 따라 양을 늘려 먹었다. 웽~하는 모기는 공포의 대상이었다. 집 천정에 손바닥 크기의 도마뱀들이 돌아다녔다. 딸들도 무섭다 떨고 낯설어 그런지 징그럽게 보였다. 주방일을 하는 '아마두'는 도마뱀이 모기를 잡아먹어 이로우니 잡지 말라고 했다. 말라리아 증세로 고열, 구토, 설사가 있어 몇 번 의사를 찾은 적은 있었으나 큰 고생은 안 했다. 다행이었다. 부르키나파소를 떠난지 33년째다. 말라리아 균 잠복 기간이 20년이라는데 무사히 넘겼다. 고온 건조기후 덕으로 가나, 코트디부아르 등 해안을 끼고 있는 곳보다는 모기의 독(포름산)이 약하다고 한다.

당시 부르키나파소에서 동양인 같이 보이면 시누아(중국인) 아니면 자포네(일본인)냐고 물어본다. 마침 88서울올림픽으로 한국이라는 나라가 조금씩 알려지기 시작한 때였다. 영사기를 메고 금 채굴 광산 등지를 찾아 한국 영화를 보여주며 '꼬레아(한국)'를 알렸다. TV는 하루 3-4시간 밖에 안 나와 단파 라디오로 서울올림픽 메달 소식을 들어야 했다.

매일 아침 와가두구 대학의 프랑스인 교수가 집에 와 프랑스어를 배워나갔다. 마담 '이께'는 전에도 공관직원들에게 프랑스어를 가르쳐왔다고 하며 열성을 보였다. 교재는 서울에서 썼던 '모제'를 사용했다. 배운 것을 현지 직원들과 손짓으로 표현해 보며 익혀나갔다. 4-5개월 지나니 TV 뉴스는 많이 들렸다. 와가두구의 유일한 일간지 '시드와야'를 소리내어 읽으며 매달렸다. 지금도 가끔 프랑스 영화를 즐겨 본다. 귀에 익은 단어들이 꽤 들려온다.

부임 초기에는 대사관 관계자 이외 현지에 거주하는 우리 한국인은 한 명도 없었다. 중부 아프리카의 가봉 출장 기회에 교민들에게 부르키나파소를 소개했다. 그 당시 한국인들은 아프리카 곳곳에서

17분 만에 현상 되는 일제 노릿츠 속성사진기를 설치해 놓고 경쟁적으로 사업을 하고 있었다. 얼마 후 한둘씩 찾아와 시장 조사를 하기 시작했다. 이들은 이미 가봉과 이웃 코트디부아르에 진출한 아프리카 경험이 있는 자영업자였다. 금세 10여 명으로 늘어나더니 나중엔 출혈 경쟁하는 면도 있었다.

와가두구의 한국인 교민사회 초창기에 우리 국민이 사망하는 불행한 사고가 나 안타까웠다. 본국에서 와 사진관 일을 도와주던 젊은 여성이 사망하더니 얼마 후 사업차 체류 중이던 기업인의 부인이 자동차 교통사고로 사망했다. '착한땅'이 터가 센 모양이다. 교민 불모지에 한국인을 끌어들인 죄책감도 느꼈다. 당시의 사진들을 꺼내보며 옛 추억을 떠올리곤 한다.

와가두구에서 동고동락했던 부르키나파소 한국인 가족들
(뒷줄 왼쪽 세 번째, 최근배 대사님)

가끔 연락하며 현지 소식을 전해 듣는 황옥곤 부르키나파소 한인 회장에 의하면 한인들의 수는 한때 70여 명까지 이르렀으나 코로나 위기로 많이 떠나 지금은 30여 명 선이라고 한다. 2018년 완공예정이던 와가두구 공항도 미루어지고 있고, 외국기업들도 많이 떠나고 있다고 한다.

당시 와가두구에서의 생활은 삭막했다. 초라한 영화관 하나 외엔 오락거리는 거의 없었다. 그나마 집에 조그만 수영장이 있어서 점심 먹고 입수했다가 낮잠 자는 것이 낙이었다. 다행히 수도 와가두구 외곽에 흙투성이 필드와 모래 그린의 골프장이 하나 있어 처음으로 골프를 시작했다. 테니스도 처음 시작해 배웠다.

대사관 현지 직원들

행랑 편으로 일주일 분의 신문과 비디오를 받아 읽은 것 다시 읽고 본 것 또 보며 무료한 시간을 보냈다. 땀이 줄줄 흐르면 타일로 된 바닥과 벽에 물을 뿌리며 열기를 식혀야 했다.

부르키나파소에 오는 손님은 거의 없었다. 어쩌다 선교사나 열대병을 연구하는 학자가 오면 이집 저집 돌아가며 초청해 '칙사 대접'을 했던 추억이다. 하루는 젊은 한국여성이 부르키나베(부르키나파소인) 남자와 함께 나타나 결혼 신고 절차 등을 문의하곤 사라졌다. 커플이 되어 잘 살고 있는지 궁금하다.

아비장에 근무하는 동료들은 바다 없는 내륙 오지에서 고생한다고 가끔 참치 등 생선을 보내주며 챙겨주어 고마웠다. 고추와 상추 등 한국 씨앗을 마당에 심어보았다. 기후가 안 맞아 그런지 조금 크다가 주저 앉아 버렸다. 다행히 중국인 농장에서 배추가 나와 김치를 담아 먹었다.

부르키나파소는 나에게 행운을 가져다 준 나라인 것 같다. 부임 전 서울에서 치르고 나온 승진시험에 합격했다는 통지가 날라왔다. 부내 중국어 강좌도 참가하고 방송통신대학 중어중문과에 다니며 매진한 결과이었다. 낙방하면 다시 도전해야 해 중국어 교재와 카셋테이프를 이삿짐에 잔뜩 넣어갔었다. 홀가분했다. 맘껏 여행 다니고… 프랑스어도 신나게 배웠다.

한국에 주문한 88스텔라가 코트디부아르의 옛 수도 아비장에 도착했다. 바다가 없는 내륙 국가 부르키나파소에서 1천여 km 떨어진 항구도시다. '서아프리카의 파리'로 불리는 멋진 도시이다. 현지인 운전수와 같이 기차를 타고 갔다. 하루밤을 지내야 하는 열차 안은 조명이 없는 칠흑이었다. 아프리카 대륙에서의 첫 열차여행이었다.

통관 수속을 마치고 수도 야무수크로(1983년 이전)를 거쳐 와가두구로 향해 달렸다. 국경을 넘기 전에 코트디부아르 교통경찰이 다가와 차를 세우더니 임시 번호판을 문제 삼아 세워 놓고 시간을 끌며 애를 먹였다. 콜라값이라도 주는 것이 관례라는 현지 운전수의 조언이었다. '메이드 인 코리아 1호 승용차' 수입을 위해 고생은 했지만 아프리카 대륙에서 처음 승용차로 국경을 넘어보는 값진 여행이었다.

당시 정세영 사장으로부터 감사의 편지가 한 통 날아왔다. 첫 국산차량 진출에 감사하다는 내용이었다.

와가두구에서 북으로 500여 km를 달려 니제르의 수도 니아메이에 가봤다. 사하라 사막과 더 가까워 더 건조한 느낌이었으나 풍부한 수량의 니제르 강이 지나 부르키나파소 보다 기름져 보였다. 딸이 다니는 와가두구 국제학교의 교류 프로그램이었다. 파견 나와 있던 미군 가족의 집에 머물렀다. 테네레 사막에서 본 아프리카 밤하늘의 별자리는 아주 또렷했다. 은하수 모습도 장관이었다. 지금도 당시의 모습이 눈에 선하다.

수입해 사용하던 현대 88스텔라

지방 여행 중에 만난 부르키나파소 모시족(族)

남부 보보디올라소 부근에서 본 악어

서부 아프리카의 부르키나파소는
아프리카 중에서도 생활환경이 열악한 곳으로
니제르, 중앙아프리카, 수단 등과 함께
'아프리카 오지 중의 오지 국가이다.
연평균 섭씨 28도의 고온 건조기후다.

부르키나파소에서 남쪽으로 8백여 km를 내려가면 가나의 수도 아크라이다. 마침 아크라에 동료가 있어 자동차를 몰고 가족과 함께 국경을 넘었다. 가나의 텃세인지 타이어 펑크가 났다. 그리고 갑자기 큰 뱀이 나타나 그냥 넘었다. 물컹한 느낌이었다. 유유히 지나가는 뱀의 모습이 보여 다행이었다. 길이 험해 자동차는 부르키나파소로 돌려보내고 중부 도시 타마레에서 항공편으로 수도 아크라에 닿았다. 낡은 소리가 나 불안했던 비행기는 울퉁불퉁한 활주로에 간신히 내렸다. 승객들은 '휴!' 한숨을 쉬며 박수를 쳤다.

수도 와가두구에 한국식당은 없었다. 다행히 중국식당이 있어 가끔 들리곤 했다. 장봉영(張鳳英) 총경리는 베이징 출신으로 반 공무원 신분이었다. 나는 자주 가서 조금 아는 중국어로 필담을 나누며 시간을 보냈다. 다음 포스트인 대만에 가서 중국어를 배우는 데도 도움이 되었다. 1994년 베이징에 부임해 수소문한 끝에 장(張) 총경리를 만날 수 있었다. 고생했던 험지 아프리카에서 만난 인연이라 더 없이 반가웠다. 아들이 영화제작 일을 한다고 들었는데… 궁금하다.

현지의 미국대사관 직원들과 가깝게 지냈다. 한 외교관은 한국인 어린이를 입양하고 있어서 더 친하게 되었다. 또 조상이 미국 원

달려라! 달려! 승마를 즐기던 딸들(와가두구 승마클럽)

주민 (인디언)이라는 외교관과도 가깝게 지냈다. 그의 쌍둥이 아들이 우리 딸들과 같은 학년이라 승마장에도 같이 다녔다.

주말에는 대사관 내 레크레이션 센터에서 배구와 수영을 즐기고 열기를 식히며 무료함을 달랬다. 저녁에는 빙고게임도 했다. 얼마 전 두 딸 가족이 온 기회에 자서전에 뭐 넣을 만한 얘기 없냐고 물었더니 '아빠 골프 가는 날이 제일 좋았다'고 한다. 승마장이 골프장 옆에 있어서 승마를 할 수 있기 때문이었다. 큰 딸은 승마를 제법 잘 탔다. 낙마하여 다치기도 했다. 귀국 후 서울에서도 몇 번 승마 클럽에 갔었다.

2년이 조금 넘어 변화가 있었다. 유엔에서 더 이상 남북간에 표

대결을 하지 않아 중요도가 낮은 공관은 폐쇄하는 정부방침에 따라 공관을 철수하게 되었다. 그간 정들었던 현지 직원들과 아쉬운 이별을 하게 되었다.

와가두구는 생활여건이 어려운 곳이다. 그래도 휴가나 출장 시 와가두구를 떠나 있을 때 빨리 돌아가고 싶은 마음이 간절했다. 역시 살고 있는 집과 가족이 있는 곳이 제일인 것 같다.

약 5-6년 전 부르키나파소 투자유치설명회가 서울에서 있었다. 나는 다시 가고픈 아프리카의 고향에서 온 5명의 기업인을 별도로 초청했다. 논산의 건축자재 공장도 방문해 상담도 하고 대전의 집에도 와 글로벌 소품관 '명곡'을 보여주었다. 일행들은 부르키나파소의 전통가면이 보이자 깜짝 놀라며 반가워했다. 다음에는 와가두구에서 꼭 만나기로 약속했다. 코로나가 완전 종식되기를 기다려 본다.

몇 년 전 대전의 일간지에 글로벌 소품관 '명곡'이 소개되었다. 생소한 아프리카 부르키나파소 가면이 솔깃한 이야깃거리가 되었는지 서울의 모 방송국에서까지 연락이 왔었다.

대전의 TJB로부터 "당신의 한 끼 밥상"이라는 TV 프로그램 출연 교섭이 있어 응했다. 일생에서 가장 기억에 남는 음식으로 부르키나파소에서 주말에 가족과 즐겨 먹었던 아프리카 스타일 닭구이 '뿔레'라고 소개했다. 마늘을 많이 발라 화덕에 구워 우리 입맛에 딱이다. 집 마당에서 즉석으로 요리해 먹는 장면을 찍었다. 이 프로그램이 전국적으로 소개되었는지 대전을 벗어나 서울 수도권과 부산, 울산 등지의 지인으로부터도 전화가 왔었다.

아프리카는 미래의 보고이다. 그러나 일반적으로 떠오르는 것은 식민지배, 내전, 독재, 가난 뿐이다. 시간이 멈춘 땅이다. 지금 지구상 사람 사는 곳이면 어디든 한국인이 있다고 보아도 무리는 아닐 것이다. 우리 젊은이들이 아프리카 곳곳에서 창업하여 성공하고 있는 케이스가 많이 들리고 있다. 아프리카에 대해 아직 생소한 것들도 많다. 인류가 최초로 태어난 곳, 문명이 처음 시작된 곳, 펭귄이 살고 있는 곳, 노벨상 수상자가 20명 이상 나온 곳, 전 세계대륙 중 가장 많은 국가가 모여 있는 곳……. 특히 도전과 열정의 DNA를 가진 우리 청년들이 더 관심을 갖고 도전해 보면 좋겠다. 나도 누구든 힘껏 도와주고 싶은 마음이다.

미국 뉴욕에 근무한 대가(?)로 지구상 최고의 오지로 발령났을 때는 긴 한숨도 나왔었다. 그러나 아프리카 대륙에서 가족과 함께 한 삶은 무엇과도 바꿀수 없이 귀중했다.

프랑스어를 처음 배우게 되고 모든게 신기한 서부 아프리카의 자연과 문화, 음식 또 사람에 정이 많이 들었다. 현지음식인 얌(yam),

국경일 리셉션에 한복입은 딸들(왼쪽)

꾸스꾸스(couscous)를 손으로 먹었던 체험은 소중했다. 부르키나파소에서 먹기 시작한 양고기와 바게트빵 그리고 레드 와인은 지금도 좋아한다. 수영장이 딸린 저택과 요리사와 경비원을 둔 생활은 다시 한번 누릴 수 없는 소중한 경험이었다.

아프리카에서 고생은 했지만 다른 한 면도 있었다. 월급 이외 특수지 근무 수당을 받아 강제저축(?)할 수 밖에 없었다. 가계에 도움이 되었다.

또 두 딸들은 국제학교에 다니며 여러 나라에서 온 친구들과 어울리며 글로벌 체험을 하는 기회를 가졌다. 영어 이외 프랑스어 맛도 보았다. 그리고 수영과 승마도 배웠다. 정부파견 김선공 태권도 사범으로부터 태권도를 수련하는 기회도 가졌다. 국제심판인 김사

범은 지금도 부르키나파소 등 아프리카의 태권도 발전을 위해 힘쓰고 있다.

나는 부르키나파소 체험을 바탕으로 아프리카 대륙에 관심을 갖게 되었다. 책도 읽고 현지에 살고 있는 교민들과도 소통을 하고 있다. 전에 건양대학교에서 한국어 교육을 마치고 현재는 서울, 대구, 광주 등지에서 박사과정을 이수하고 있는 아프리카에서 온 학생들과도 계속 연을 맺고 있다. 케냐의 안토니, 콩고의 비알리, 에티오피아의 알모우, 마다가스키르의 헤인코티아 등은 나에게 다이아몬드 같은 존재다.

앞으로 이들이 본국과 한국 간의 교류 활동을 하면 기꺼이 도와주고 또 귀국하게 되면 현지에도 가볼 계획이다. 미지의 대륙에 발을 디뎌 거주해 본 한국인은 그리 많지 않을 것이다. 아프리카를 위해 할 수 있는 일이 무엇이 있을지도 생각해 보고 있다.

평소 책은 많이 읽지 않는다. 그러나 아프리카 여행기 같은 오지 여행책이 눈에 뜨이면 바로 손이 간다. 스페인 이베리아 반도의 끝 지브롤터에서 지중해를 건너 알제리, 모로코, 니제, 말리 등 사하라 사막을 지나 나의 아프리카 고향 마을 와가두구에 가보고 싶다. 이어 나이지리아를 거쳐 남아공까지의 종단 여행도 해 보고 싶다. 건강한 몸이면 도전해 볼 수 있지 않을까?

와가두구에 가면 당시 신세 많이 졌던 두 분은 꼭 찾아보고 싶다. 말라리아에 걸려 야밤중에 문을 두드려도 웃으며 대해 주었던 Dr.사와도고, 그는 나의 신장 결석을 발견해 치료하도록 인도해준 은인이기도 하다. 그리고 험난한 부르키나파소 생활을 잘 마치도록 따듯하게 도와준 집주인 데메 이사카, 나는 1989년 와두가구를 떠날때 사용하던 현대 88 스텔라를 인계해주고 왔다.

밤중에 와가두구 거리 가로등 아래에서 책 들고 공부하던 학생들이 많이 있었다. 지금쯤 이들이 나라를 위해 큰 역할을 하고 있으리라 생각해 본다.

아침에 가정부가 출근하면서 사온 화덕에 구운 따끈한 바게트빵은 맛있었다. 또 주말에 즐겨먹은 뿔레(닭) 맛도 잊을 수 없다. 머리가 길면 가족들끼리 잘라주고 피자도 만들어 먹으며 자급자족하며 살았다.

해외에서 7개 나라에 주재했다고 하면 자주 물어오는 것이 있다. "어디가 제일 좋았던 것 같아요?" 나는 '부르키나파소'라고 자랑스럽게 말한다. 이보다 더 귀중한 오지 생활 체험은 두 번 다시 하기 어렵기 때문이다. 딸들도 '부르키나파소'라고 말한다. 아마 승마를 할 수 있어서일 것이다.

요즈음 TV에는 '해외테마기행', '걸어서 세계속으로' 등 여행 프로그램이 많이 소개된다. 해외여행을 마음대로 갈 수 없으니 시청률이 좋은 모양이다. 모로코, 튜니시아, 모리타니아, 감비아를 소개하는 프로그램을 보았다. 얼마 전에는 부르키나파소도 나왔다. 직접 가서 변한 모습도 보고 옛 지인들도 만나며 제2의 도시인 보보디올라소를 찾아 전통 음식도 먹고 싶다. 또 유네스코 유산인 로로페니 유적과 펜자리 국립공원을 다니며 유튜브에 올리고 싶다.

한국 천주교 첫 사제 김대건 신부(1821-1846)의 유해 일부가 서울대교구 신자들의 기금으로 지어진 부르키나파소 쿠펠라 대교구의 성요셉성당에 안치될 것이라는 보도가 있었다. 탄생 200주년 희년을 마무리하는 시기이다. 우리와 연이 이어지며 거리가 좁혀지고 있다.

지난 1월 26일 부르키나파소 군부가 카보레 대통령을 축출했다는 보도가 있었다. 21세기가 되어도 아프리카에는 쿠테타가 자주 일어난다. 작년에도 수단, 기니, 차드, 말리 등에서 쿠테타가 있었다. 부르키나파소에 부임한 1987년, 그 해 10월 쿠테타가 일어나 총소리에 놀라 딸들이 식탁 밑으로 기어 들어갔던 기억이 떠오른다.

나는 아직도 대만대학 휴학생, 타이페이

1989년, 정든 아프리카 대륙을 뒤로 하고 뉴욕을 거쳐 주중화민국대사관이 있는 타이페이에 부임했다. 아프리카 오지 근무 다음에는 대개 미국이나 유럽으로도 갈 수 있었다. 그러나 나는 중국어 지역을 희망했다. 중국어를 배우고 싶은 욕망은 사하라 사막의 열기보다 뜨거웠다. 호랑이를 잡으러 호랑이 굴로 들어간 것이다.

당시 중국은 1979년부터 시작된 등소평의 개혁개방정책이 한참 진행 중이었다. 매년 두 자리 수 이상의 성장률을 보여 장래에 '강력한 중국'의 부상이 예견될 때였다. 또 한중 양국은 미수교 상태에서 민항기, 어뢰정 사건 해결을 위해 고위급 회담이 진행되었다. 중국 그리고 중국어에 대한 관심이 커졌다. 외교부에도 중국어 강좌가 개설되었다.

나는 타이페이에 가자마자 중국어 학습에 온 열정을 쏟았다. 점

국립대만대학교 정문

대만사범대학 국어중심 선생님

중국어 작문 노트

대만 일주여행 중 카오슝 컨팅 휴양지

심시간을 이용해 대만사범대학 국어중심(國語中心)에 다녔다. 식사는 차 안에서 햄버거로 때웠다. 저녁엔 국립대만대학 야간부 정식 학생으로 입학하며 올인했다. 교양과목으로 삼민주의 헌법, 중국통사(中國通史) 등도 배웠다. 당시 내가 나이가 가장 많은 학생이었다. 어떤 교수님들은 어려워하기도 하고 나의 주경야독 행동을 눈여겨 보기도 했다.

고색창연한 건물과 야자수가 우거진 대만대학 캠퍼스, 그리고 큰 형님처럼 잘 도와주었던 외사판공실 팽 주임의 인자한 모습이 눈앞에 선하다. 나는 귀국 전까지 꼬박 5학기를 이수했다. 나는 아직도 대만대학 휴학생 신분이다. 대만에서의 3년은 거의 유학생 같은 생활이었다. 한국 학생들과도 자주 어울렸다. 아내가 유학생 체육대회에서 피구를 하다가 허리를 다쳐 고생했었다.

미국 IT기업 인텔사의 정문에 "Only the Paranoids Survive" 라는 글이 크게 세워져 있다. '미친 자만이 살아 남는다,' 내가 좋아하는 말이다. 대만에서 중국, 중국어에 미쳐 살았다.

대만의 원주민은 오스트로네시아어족이다. 1624년 네덜란드 상인들이 남부 타이난에 자리 잡았다. 그 후 유럽 상인들이 몰려들자 대륙에서 한족들의 이주도 이어졌다. 1626년에는 에스파냐인들이 대만의 북부에 들어와 산토 도밍고성(紅毛城)을 세웠다. 이들은 네덜란드인에 의해 밀려났다.

1662년에 명나라의 정청공(鄭成功)은 네덜란드인들을 축출했다. 일본은 1895년 청일전쟁에서 승리하며 시모노세키조약으로 대만과 평후섬을 할양받아 50년간 식민지배했다. 일본제국의 대만 통치는 우리나라와는 달리 유화적이었다. "일본이 감기 걸리면 대만이 몸살 난다"라고 할 정도로 산업, 문화, 패션 등에 영향을 끼쳤다. 타이페이 거리는 도쿄에 온 것처럼 느껴질 때도 있다. 1949년 12월 중화민국 국민정부는 국공내전에서 중국 공산당에 밀려 타이페이로 이전했다. 복건, 광동, 강서 등지의 객가(하카)인 등 200여만의 외성인(外省人) 들이 이주했다.

16C 포르투칼인들이 대만을 Ilha Formosa!(아름다운 섬)이라고 했다. 타이페이의 고궁박물관, 동부의 타이루커, 타이동(台東)의 노천온천, 남부의 컨팅 국립공원, 중부의 아리산 등은 연중 관광객들로 넘쳐난다. 우리에게 친숙한 옥산(玉山 3,952m), 설산(雪山 3,886m) 등으로 이뤄진 중앙산맥은 258개의 해발 3,000미터 이상의 산들로 이어진다.

타이페이 시내에서 가까운 곳에 양명산이 있다. 1948년 장개석이 북경 고궁(자금성)에 있던 60만 점의 보물을 가져와 1965년 개설한 고궁박물관이 있는 곳이다. 옥으로 만든 취옥 배추와 동파육이 인기다. 유황냄새가 강한 허름한 온천도 많다. 쌀뜨물 색의 뿌연 온천수가 좋아 겨울에 자주 다니며 즐겼다.

추억이 진하게 남아있는 여행도 많다. 자동차로 대만을 한 바퀴 도는 일주일 간의 환도(還島)여행, 중국의 복건성 코앞 금문도에 가서 군사령부 군인들과 의기투합해 고량주를 마셔 만취했던 일, 한 · 대만관광교류 이벤트 행운 경품 티켓으로 간 '대만의 하와이' 평후도(澎湖島) 등….

여가 생활도 좋았다. 골프는 연중 즐길 수 있어 자주 나갔다. 내가 주재한 7개 해외도시 중에서 골프 환경이 제일 좋았다. 가격도 적당했다. 딱딱한 부르키나파소 황토 흙 위에서 머리 올린 골프 수준이 나아져 80대 후반까지 쳤다. 또 대만 치과의사협회 회원들과 신주(新竹) 부근에서 만나 테니스도 쳤다.

가끔은 중국어 연습도 할 겸 가라오케에 가서 테레사 텡(鄧麗君)의 노래도 부르곤 했다. 요즘도 좋아 흥흥대는 노래는 月亮代表我的心, 高山青 등이다.

중부 타이중(臺中)시 부근에 사는 곽문웅(郭文雄) 씨는 대만에서 친형님처럼 지냈던 대만인이다. 나의 어머니도 곽씨라고 했더니 끔찍이 생각해 주었다. 부모님이 대만에 오셨을 때 아리산과 일월담 그리고 노산온천 등지를 구경시켜주었다. 그는 두 명의 부인을 데리고 한집에서 같이 살고 있다. 두 번째 부인은 회사 경리로 근무했었다고 한다. 사이도 좋은 것 같아 보였다. 1998년 홍콩에 근무할

곽문웅 형님과 두 부인, 딸(꾸어이시엔)

때도 가족과 함께 찾아온 적이 있다. 대만을 떠날 때 사용하던 자동차를 인계해주었다. 4-5년 전 대만여행 시 오랜만에 그의 집을 찾았다. 위 사진에 나온 딸 꾸어이시엔은 30대 중반으로 성장해 있었다.

대만에 있을 때 중소기업을 둘러 보는 기회가 종종 있었다. 타이중(臺中)시 외곽에 위치한 피혁가공기계를 만드는 공장을 찾았다. 겉으로 보기에는 조금 큰 철공소 같아 보였다. 그러나 비즈니스 상대는 지구촌 곳곳의 글로벌 파트너들이었다. 가족들이 같이 운영하고 있었다. 대만에서 기업인들 명함을 받아보면 명함 뒷면에 적힌 회사 이름이 빼곡하다. 형제, 친척 그리고 친구들과 같이 투자하는 것이 대만스타일이다. 손해보는 곳도 있고 이익을 보는 곳도 있어 한꺼번에 폭삭 망하는 일은 드물 것이다. 우리의 문화와는 다른 것을 볼 수 있다.

미국 뉴욕 퀸즈에 플러싱이 있다. 역사적으로 네델란드 등 이민자의 지역이다. 1981년 뉴욕 근무시 3년 간 살았던 곳이다. 당시 플러싱 7번 전철 종점 주변은 주로 한인 및 인도, 파키스탄 등 아시아계들이 식품점, 세탁소 등을 하며 살았던 지역이다. 5-6년 전 뉴욕 딸네 집에 간 기회에 일부러 찾아 본 플러싱 일대는 차이나타운으로 변했다. 특유의 냄새가 풍기는 식품점과 금은방, 부동산 가게들이 줄지어 보였다. 중국인들은 어느 건물을 통째로 사버린다고 한다. 협업하는 것이다.

한국은 88올림픽을 성공적으로 치르고 1989년부터 해외여행을 전면개방했다. 이후 뚜렷한 여행 목적도 없이 들뜬 기분으로 무조건 외국에 나가보자는 사람들이 있었다. 대만에도 편도 항공권만 가지고 나와 거리를 배회하거나 심지어 구걸 행각하며 애를 먹이는 여행자가 있었다. 공관으로서는 이들을 하루라도 일찍 귀국시켜야 마음이 편해 개인적으로 항공료를 도와주기도 했다. 귀국 후 적어준 전화번호로 연락하면 "나라에 세금내고 사는 국민인데 그 정도는 도와줄 수 있지 않은가요?" 하며 전화를 뚝 끊는다. 조금은 정상이 아닌 듯한 느낌도 들었다.

한인들이 대만에 이주한 것은 100년이 넘는다. 1910년 무렵 일제강점기에 해군 함정 수리기술자로 강제징용되어 북쪽의 기륭항과 남쪽의 고웅항에서 힘들게 보냈다. 한때는 그 수가 1만 5천명에 달했다. 1990년 근무 당시 타이페이에서 멀지 않은 기륭항에 가서 교민 1세분들을 만나 당시 고생하셨던 얘기를 듣곤 했었다. 2019년 『대만한인 100년사』가 출간되었다.

1992년 중국과 수교 전까지 대만에는 한국 유학생들로 북적였다. 2천여 명에 달하는 유학생들은 주로 사범대, 정치대, 대만대에 많았다. 오토바이 사고처리에 힘들었던 적도 있었다. 한국 단체여행객을 대상으로 한 선물가게도 서너 곳 있었다. 또 삼성, 대우, 현대 등 상사들이 모두 나와 주재원들도 많았다. 함께 바자회를 열며 성금을 모아 타이페이 한국학교 통학버스를 마련해 전달하기도 했다. 물론 '메이드 인 코리아'였다. 이것도 애국이다. 주재원들은 나중에 중국과 수교 후 상해, 북경 등으로 옮겨갔다.

중국, 중국어에 미쳐서 간 대만에서 열심히 살았다. 여행도 많이 다녔다. 자녀들도 중국어 맛을 보았다. 대만에서 중화권 스타트를 끊어 북경, 홍콩까지 완주했다.

나는 우리나라와 대만 간의 단교 1년 전인 1991년에 귀국했다. 느닷없이 뒤통수를 맞은 격의 대만은 격노했다. 성난 대만인들이 대사관에 돌을 던지고, 한국상품 불매운동도 벌였다. 1995년에는 우리 외교관이 귀가 도중 괴한으로부터 피습당하는 사건이 나기도 했다.

한국학교 학생들을 위한 통학버스 승차식

당시 큰딸은 타이페이 국제학교에 다녔다. 처음 아프리카에서 와 전학했을 때는 같은 반 학생들이 김치 냄새가 난다고 놀리며 왕따를 시켜 어린 마음에 상처를 받았다고 한다. 또 귀국 얼마 후 대만학생으로부터 "이제 더 이상 너와 친구가 될 수 없다"는 내용의 편지를 받았다고 한다. 1992년 8월 단교 당시 대만인들이 얼마나 격노했는지 알 수 있다.

민간분야에서 다양한 우호 교류를 이어 나가며 상생 협력해 나가길 바란다.

만리장성을 넘다, 베이징

1994년 봄, 북경으로 발령받았다. 주중한국대사관은 1991년 1월 대표부 개설 이래 1992년 8월 28일 대사관으로 승격되었다. 수교 후 양국 간에 교류가 확대되어 갈 때였다. 나는 먼저 한달 간 상해에 가서 VIP 방문 행사 일을 하게 되었다. 오늘날 천지개벽의 푸동(浦東) 개발이 시작되는 무렵이었다.

난방시설이 없고 습기가 많아서 그런지 추워서 내몽고산 캐시미어 셔츠를 사 껴입은 적이 있었다.

자전거 타고 예원(豫園), 남경로, 와이탄(外灘) 등지를 다니며 꿈틀대는 중국 대륙 '용의 머리'를 보았다. 와이탄은 150년 전의 유럽식 건축물들이 황푸강의 야경과 잘 어울렸다.

중국 대륙 땅을 밟게 된 나는 하늘을 나는 기분이었다. 중국의 국제무대 등장과 우리와의 수교에 대비해 중국어를 연마한 것이 열매를 맺는 것 같았다. 나이 43세, 한창때였다. 북경에 머무는 동안 만리장성을 넘어 중국어와 중국 여행의 한을 풀 수 있게 되기를 다짐했다. 1992년 수교 후 각 분야의 교류 확대와 조선족의 '코리안드림' 러시로 바쁘게 보냈다. 국제결혼 그리고 사건, 사고업무를 맡으며 초창기 어지러웠던 영사문제를 바로 잡아보려고 애썼다.

베이징은 1264년 쿠빌라이에 의해 원나라의 수도가 된 이래 800여 년간 중국의 역사와 혁명의 무대였다. 곳곳에는 유적과 유물이 가득해 시내 전체가 박물관이다. 우선 자금성, 천단, 이화원, 천안문광장, 원명원 그리고 명 13릉과 만리장성을 둘러보았다. 대충이라도 알고 있어야지 본국에서 오는 손님 안내에 실수가 없다. 입장권 구입하고, 훑어보는 루트와 핵심 줄거리 정도는 말해주어야 체면이 선다.

딸들은 중국학교 안에 있는 국제반, 그리고 싱가폴 국제학교에 다녔다. 대만 생활을 하고 와 비교적 쉽게 적응해 나가는 느낌이었다. 나는 우선 대만에서 배웠던 중국어 발음도 고쳐볼 겸 북경 출신 대학원생과 대학교수를 소개받아 공부해 나갔다. 나의 중국어 발음에 한족들은 바로 눈치채고 어디에서 배웠냐고 물어온다. 중국어 발음은 대만 등의 남방과 북경 등의 북방은 다르다.

중국어의 얼화음과 혀를 구부려 소리내는 권설음 그리고 간체자를 익혀 나갔다. 확 줄여 놓은 한자 모양이 낯설었으나 시간이 해결해 주었다.

중국서예학습

가끔은 서예와 쿵푸도 조금씩 배우며 '중국문화인'이 되어보려 노력했다. 가족 모두 중국을 좋아해 여행하며 문화도 체험하고 음식도 즐겼다. 요리에 많이 나오는 향채(香菜, 고수)도 가리지 않았다.

주말에는 전취덕, 동래순 같은 오래된 식당(老字號)를 찾으며 즐겼다. 특히 아프리카 부르키나파소에서 맛 들렀던 양고기 요리집을 찾아다녔다. 북경의 세찬 겨울 바람을 이기는데는 훠궈(火鍋) 가 딱 이었다. 양고기 파오모(泡饃)의 맛도 잊을 수 없다.

당시 북경 시내는 자전거 물결과 손수레와 달구지 그리고 소형 3륜 봉고차에 짐을 잔뜩 싣고 장안대로를 유유히 오가는 모습도 많았었다. 이동할 땐 택시가 많지 않아 빵차(面包車)를 많이 탔다.

승용차를 운전하며 자전거 대열을 끊고 지나가기는 쉬운 일이 아니었다. 어쩌다 살짝 스쳐 자전거가 넘어지면 길 가던 사람들이 구

북경 거리의 이발 풍경과 자전거 짐꾼

름같이 몰려들어 쳐다보곤 했었다. 당시 북경의 중국인들은 까치집 모양의 부시시한 머리에 회색 옷차림이 많았다. 3년 전 가 본 북경의 명동이라는 왕후징(王府井)거리의 중국인들은 완전히 다른 모습이었다.

나는 자금성 주변의 후통(胡同, 좁은 골목)의 매력에 끌렸다. 종종 가서 전통 주거 양식인 사합원(四合院)을 둘러보았다. 인력거를 타고 마치 청말(淸末)의 "북경인"이 된 기분에 취해보기도 했다. 사합원 외벽은 대문을 제외하고는 창문을 만들지 않는 것이 특징이다. 개발의 여파로 많이 사라져 안타깝다. 중국의 국민화가 제백석(齊白石)의 2천여 작품을 모아 놓은 북경화원미술관과 서울의 인사동과 비슷한 유리창(琉璃廠)도 자주 찾았다.

한중수교 후 코리안드림의 중국동포(조선족)들은 한국행 비자를 얻으려고 혈안이 되었다. 연변, 장춘, 심양 등에서 열차를 타고 와 비자 신청, 심사를 위해 새벽부터 줄 서 기다려야 했다. 연변에 사는 38세 기혼의 조선족 여성이 자신의 나이를 10살 줄여 28세 미혼으로 속여 호적을 만들어 신청한 예도 있었다. 이러한 가짜 호적 문제를 시정해 보려고 중국 당국을 찾아다니며 백방으로 노력해 보았으나 허송세월이었다.

흑룡강성에 사는 남성은 자기 부인이 가족을 버리고 가짜 결혼으로 서류를 내고 있으니 절대로 비자 내주지 말라고 하소연하는 편지를 보내오기도 했다. 또 비자 발급에 불만을 품은 한국에서 온 남성이 목발로 영사관 창구 유리창을 박살내며 고함치는 끔찍한 사고도 있었다. 국제결혼 대상자 가운데는 노숙자 출신도 있었고 들러리만 서주는 사례도 있었다.

1992년 한중수교 이후 차이나 비즈니스를 탐색하거나 '은둔의 중국' 모습을 보려는 여행자들이 많이 몰려왔다. 다양한 사건 사고가 일어났다. 특히 술집에서 중국의 규정을 위반했다 하며 공안(경찰)에서 연락오면 달려가곤 했다. 웬만한 경우는 신원 확인 후 풀어주었다. 중국 공안들과는 '꽌시(關係)'를 유지하고 있었다. 보통 이상의 꽌시였다. 당시 한국인으로는 일찍 북경에 진출한 김덕현 변호사의 도움을 많이 받았다.

외국인들이 중국인들과의 협상테이블에서 자주 실패하는 이유는 전문 지식이 모자라서가 아니다. 중국인들의 역사와 문화에 녹아있는 사고 방식과 협상 기술을 모르기 때문이다.

당시 동북3성(길림성, 요녕성, 흑룡강성)을 중심으로 한 조선족은 대략 200여 만명으로 통칭되었다. 2020년 말 중국국가통계국 발표 자료에 의하면 170만명이다. 이들은 한중수교 후 산해관(山海關)을 넘어 북경, 천진, 상해, 청도, 광주 등 남쪽으로 내려왔다. 1992년 수교 후 한국인, 한국기업들이 물밀 듯이 중국 각지로 진출했다. 초창기 조선족들은 통역이나 번역 그리고 현지 가이드 일을 하며 정착하는데 기여가 컸다. 그러나 한국인 관련 사건에 조선족들이 연루된 케이스도 많이 보였다.

조선족들은 결혼, 친척방문, 노동, 유학 등으로 '조상의 나라' 한국으로 대거 입국했다. 이들은 한국에 와서 몇 년을 고생하면 제법 큰 돈을 벌게 된다. 연변으로 돌아가 집도 사고 가게도 연다. 망하면 다시 한국으로 들어와 오가며 생활하는 동포들도 있다. 한국의 축소판인 연길 거리에서는 한국에서 유행하는 얼굴 화장이나 헤어스타일, 그리고 츄리닝을 입고 다니는 동포들도 볼 수 있다.

길림성에 연변조선족자치주가 있다. 옛 부여, 고구려, 발해가 있었던 곳이다. 일제 때는 간도(間島)로 불렸다. 1800년대 후반부터 함경도 주민들이 이주하기 시작하여 1954년에는 총 85만 명 가운데 53만 명이 조선족이었다. 1952년에 조선민족자치구가 설치되었다.

국내의 조선족 사회 규모는 한국으로 귀화한 10여 만명을 포함하여 70여 만 명에 이른다. 규모가 커진 만큼 방문취업비자 제도 등으로 출입국이 수월해졌다.

당시 나는 요리와 청소를 하는 가정부와 운전수를 고용하고 있었다. 물론 조선족이다. 또 문화예술인이나 교수들과 어울리며 어려운 시절 슬픈 역사 이야기도 들었다. 단일민족인 우리나라는 민족과 국민이 같지만 다민족 국가인 중국은 한족과 55개 소수 민족이 중국 국민을 구성하고 있다. 한국사회와 조선족 사회 간의 소통과 교류를 통해 이해와 친선의 폭을 더 넓혀나가면 좋겠다.

연길에서 용정 그리고 도문으로 가는 산과 들의 모습은 우리농촌의 모습과 다름없었다. 옥수수밭이 끝없이 나타났다. 연변의 특산으로 '사과배'라 부르는 과일이 있다. 사과와 배를 접목한 것이 아니고 1921년 연변 돌배나무에 함경도 북청에서 가져온 배나무를 접목한 것이라고 한다. 물이 많고 달다.

1995년 당시 연변자치주 공무원이었던 방건국 씨의 안내로 최초로 백두산에 올랐다. 천지가 보이자 가슴이 뭉클했던 것을 보면 백두산은 틀림없이 한민족의 영산(靈山)이었다. 그 옛날 만주를 호령하던 고조선과 고구려의 심장이다.

백두산 천지(天池)에 오르다

방주임은 귀빈이 왔다고 일가 친척들까지 불러 연변 조선요리를 차려 대접했다. 독한 술을 마시고 취해 모두 일어나 아리랑 춤을 추며 늦게까지 즐거운 시간을 보냈다. 그 후 두 번 더 백두산을 찾았다. 천지는 지구상에 가장 깊은 화산 호수이자 가장 높은 화구호이다.

온천욕도 하고 구운 계란도 맛보았다. 두 번째 갔을 때는 천지에서 고무보트도 탔었다. 천지 물의 차가운 정도는 대단했다. 세 번째는 천지로 가는 길을 막아 놓아 작은 버스로 정상까지 올라 천지만 보았다. 오를 때마다 날씨가 좋아 천지 구경은 잘 했다. 이것도 운이었다.

주말이나 휴가 때는 열차에 몸을 싣고 내몽고 초원, 하남성의 낙양 용문석굴, 개봉(開封), 칭다오의 노산, 무한의 황학루, 심양의 고궁, 대련의 여순 등지를 쏘다니며 만끽했다. 그리고 북경 외곽에 있는 청동릉(건륭, 서태후 등)과 청서릉(옹정, 가경, 도광 등)도 찾아보며 중국의 지리와 문화, 역사를 관찰하고 현지인들과 어울려 음식과 술을 즐겼다. 겨울에는 거주했던 북경 아시아선수촌 아파트에서 가까운 샤오탕산(小湯山)에 자주 다녔다. 역대 왕들도 다니며 치료했던 온천으로 유명하다.

내몽골자치구의 중심도시 후허하오터(呼和浩特)에 갈 때 우연히 비행기 안에서 중국인(몽고족)을 만나 친해져 바로 초대받은 손님이 되었다. 내몽골 스타일의 극진한 대접을 받았다. 일행이 보는 앞에서 양의 가죽을 벗겨 바닥에 깔아 놓고 통채로 삶아 몽고칼(蒙古刀)로 썰어 먹게 하였다. 큰 술잔을 들고 와 노래부르며 술을 권하는 접대문화에 대취하였다. 몽골식 이동 주택 게르(Ger)에서 묵었다. 내부는 현대식으로 되어 불편함이 없었다.

후허하오터에는 서시, 초선, 양귀비와 함께 중국의 '4대 미인'인 왕소군(王昭君 일명 明妃)의 묘가 있다. 동상과 함께 왕소군이 한나라 국경을 넘어서 흉노 땅으로 들어가는 장면을 그린 명비출새도(明妃出塞圖)가 있다. 왕소군은 한나라의 궁녀로 북방유목민과의 화친을 위해 흉노 군주에 시집보내졌다. 소군의 빼어난 미모와 비운의 삶으로 이백(李白) 등 중국의 수많은 시인 묵객들이 그녀를 주제로 삼았다. 시(詩)만도 1200여 수가 넘는다. 시인 동팡꾸이는 소군원(昭君怨)이라는 시에서 '오랑케 땅에는 꽃도 풀도 없으니, 봄이 와도 봄 같지 않구나'라고 읊었다. 많이 인용되는 '춘래불사춘(春來不似春)은 여기서 나온 것이다.

마침 북경에서 가까운 산시성(山西省)에 고향의 초등학교 후배가 협력사업 프로그램 책임자로 나와 있었다. 타이위안(太原)에서 출발하여 중국 불교의 성지 우타이산(五臺山)에 가 묵었다. 우타이산은 보타산(절강성), 아미산(사천성), 구화산(안휘성)과 함께 중국 불교 4대 명산의 하나이다. 이어서 중국 5악(岳)의 하나인 북악 헝산(恒山)을 거쳐 따통(大同)까지의 긴 여행을 하며 우리의 강원도 탄광지대와 비슷한 풍경을 보았다.

중국의 3대 상방(商幫)은 신용을 중시하는 산서성의 진상(晋商), 장사하면서 학문을 소홀히 하지 않는 안휘성의 휘상(徽商), 과감하고 도전적인 광동성의 조주(潮州) 상인을 말한다.

장사꾼은 상인(商人)이다. 商나라 때 전국을 돌며 장사하는 중국인이다. 중국인들은 낱개로 팔지 않고 근수로 달아 판다. 한국은 賣買, 중국은 買賣이다. 중국인들은 무엇을 살 때는 항상 팔 때를 생각한다. 산 다음에는 반드시 이윤을 얹어 팔아야 한다고 생각한다.

시장의 흐름을 읽을 줄 아는 날카로운 통찰력과 불리한 환경에서도 성과를 이끌어 내는 뛰어난 협상력, 즉 양보다는 타협의 미학을 배우고 홍정의 기술을 터득하고 있다. 우리가 배울 점이다.

형산(恒山)에는 세계 10대 불가사의 건축물로 깎아지른 절벽에 현공사(懸空寺)가 있다. 부근 호텔에 묵었는데 방안에 석탄 연기가 자욱해 목과 눈이 따가워 잠을 거의 설친 추억이 있다. 따통(大同)에서 20여 키로 떨어진 곳에 세계문화유산 운강(雲岡)석굴이 있다. 막고굴(감숙성 돈황), 용문석굴(하남성 낙양)과 함께 중국 3대석굴의 하나이다. 따통은 양고기 샤브샤브와 면요리가 유명하다. 다시 한 번 돌아보고 싶다.

주말에 야간열차를 타기 위해 북경역에 가면 보따리를 매고 들고 바닥에 누워있는 모습이 마치 전쟁터의 인산인해 피난 장면을 방불케 하는 아수라장이었다. 그 기억이 아직 생생하다. 지금은 천지개벽되어 공항 규모의 시설에 시속 300Km 이상의 고철(高鐵, 고속철도)이 중국 전역으로 운행되고 있다.

중국은 세계 경제의 17%, 제조업의 30%를 차지하는 G2로 올라서 덩치가 커졌다. 어떤때는 조금 실망감도 느껴진다. 중국의 실체를 제대로 또 객관적으로 보려는 노력이 필요하다. 바람직한 한·

지방여행 중 열차안에서 만난 외국여행객들

중 관계가 전개되기를 기대해본다.

오래전 언젠가 남북한 관계가 아주 험악해져 '서울을 불바다' 하는 얘기까지 돌았을 때였다. 북경에 있는 사개평(沙開平) 씨가 한밤중에 전화가 왔다. 빨리 북경으로 와 피신하라는 것이었다. 어쨌든 고마웠다. 그는 나의 오랜친구(老朋友)이다. 중국 여기저기에 지인들이 있다. 올해는 한 · 중수교 30주년의 해이다. 풀뿌리 민간 그리고 기업 간의 우의와 교류는 변함없이 이어나가야 한다. 늦깍이 결혼식을 올린 중국 하남성 제원시에 사는 許耀杰 동생은 한국에 코로나 환자 수가 많다는데 괜찮냐고 위챗으로 안부를 물어온다. 그는 박사과정을 위해 지난달 부산에 왔다.

1995년 여름, 아버님이 갑자기 돌아가셨다는 전화를 받고 베이징에서 귀국했다. 여름에 동네 잔치집에 다녀오셔서 주무시다가 돌아가신 것이다. 대만에 다녀가신 후 다시 중국 대륙도 꼭 가보고 싶다는 말씀을 하셨는데……. 해외에 나가 근무하다 보면 부모님 임종을 못 보는 경우가 많다.

지난 한식날 부모님 산소에서 형제들이 모였다. 서울에 사는 여동생이 "아버지는 아들이 외교관으로 외국에 나가 일하는 것을 자랑스럽게 여기시며 '외무부' 글자가 새겨진 츄리닝을 헤질때까지 즐겨 입고 다니셨다"고 말했다.

동서양의 접점, 딤섬의 본고장, 홍콩

1996년 북경에서 바로 따뜻한 남쪽, 주홍콩총영사관으로 부임했다. 홍콩은 1840년 아편전쟁 이후 1842년 남경조약에 의해 영국으로 귀속(구룡반도는 1860년 제2차 아편전쟁 후 북경조약에 의해 할양)되었다가 1997년 7월 1일 0시 중국으로 이양되었다. 나는 영사관 사무실에서 강택민 주석과 찰스 왕세자가 참석한 역사적인 반환식 장면을 볼 수 있었다. 행운이었다.

본국은 그 해부터 시작된 IMF 금융위기로 어려웠다. 주택임차료도 제때에 나오지 않는 상황이었다. 단돈 1달러라도 귀할 때였다. 미국, 영국 등 외국 금융기관에 있는 한국계 직원들을 만나며 외자 유치에 열을 올렸다. 하루는 홍콩 교민들이 금반지, 목걸이, 귀걸이들이 제법 묵직한 주머니를 들고 영사관 창구에 나타났다. "우리나라를 살려 주세요!" 순간 나의 가슴은 뛰고 울컥했다.

당시 금 모으기에는 4가구 중 1가구가 참가하여 18억 달러 상당

225톤이 모아져 세계를 놀라게 하였다. 외국인들은 한국인들의 이러한 애국심은 전혀 이해할 수 없는 것이라며 엄지척을 세운다.

홍콩에서는 광동어가 널리 쓰였다. 중국의 남부에서 쓰이는 중국어 방언으로 주로 광동성과 홍콩, 마카오 등지에서 사용된다. 서양에서 표준 중국어는 Mandarin, 광동어는 Cantonese라고 한다. 중국본토에서는 간체자를 쓰지만 광동어는 번체자를 쓰고 있다. 광동어의 성조(聲調) 수는 6개이다. 베트남어 발음이 광동어와 비슷하다. 베트남어 단어의 60% 이상은 한자에서 파생되었다.

로마에 가면 로마법을 따르라는 말대로 현지어를 배우기 위해 주

홍콩 과기대(科技大) 중국 비즈니스과정 클라스메이트

말에 홍콩대학에 다니며 광동어 기초회화를 배웠다. 광동어로 얏, 이, 산, 세이는 숫자 1, 2, 3, 4이다. 주로 택시를 탈 때와 물건 구입하는데 쓰곤 했다. 몇 년 전 홍콩에 가보니 택시 운전수들도 예전과는 다르게 표준 중국어를 사용하고 있었다.

나는 북경에서 쓰던 현대 소나타 승용차를 가지고 갔다. 처음에는 핸들 위치가 반대라 주행이나 주차장 요금 계산에 불편했다. 한번은 반대 방향 차선으로 들어가 앞에서 오는 차와 부딪칠 뻔 해 깜짝 놀란 적도 있었다. 세월이 약이라고 시간이 지나니 적응되었다.

당시 중국의 폭발적인 경제 성장으로 중국을 알아야 한다는 인식이 널리 퍼져 있었다. 나는 홍콩과기대 차이나 비지니스 과정에 다니며 중국의 무역, 투자, 세무제도 등을 배우며 인맥도 구축하였다.

홍콩은 156년간 영국이 통치하면서 동서양 문물 교류의 거점 역할을 해왔다. 동아시아의 금융, 무역, 서비스 등의 중개지였다. 중국의 개혁개방 과정에서도 중요한 역할을 했다. 홍콩에 사는 한국인들은 미수교 당시 중국과의 교역 중개를 하며 재미를 본 분들이 많았다는 얘기를 들었다. 홍콩에서는 주재원 출신들이 무역 중개서비스업을 많이 하고 있었다. 또 기항하는 선박이나 단체 여행객을 대상으로 선식이나 식당, 선물가게 등을 하고 있었다.

당시 홍콩은 3천 개 이상의 다국적 기업들이 있는 세계에서 비즈니스 환경이 가장 좋은 곳의 하나였다. 한국의 여러기관에서는 홍콩의 부정부패를 다스리는 염정공서(廉政公署, ICAC)를 벤치마킹하러 자주 방문했다. 최우수 인재가 들어간다는 홍콩 경찰이 그린 칼라 유니폼을 입고 걷는 모습은 멋져 보였다.

많은 사람들이 홍콩은 좁아서 갑갑하다고들 말한다. 나는 그렇지 않다고 받아친다. 지내기 나름이다. 우선 시원한 바닷바람 쏘이며 다양한 트레킹 코스를 다니면 좋다. 영국 식민지 시절부터 조성되어 온 오래된 코스들이 많다. 홍콩 아일랜드를 동서로 잇는 50km의 홍콩트레일, 구룡반도를 동서로 가로지르는 100km의 맥리호스 트레일, 란타우 섬을 순환하는 70km의 란타우 트레일, 홍콩섬에서 구룡반도를 종단해 신계까지 80여 km의 윌슨 트레일 등…. 모두 사방의 바다 풍경을 보며 오르고 내리는 코스이다. 걸으며 아열대 야생 식물을 보는 재미도 있다.

한국에서 북경으로 데리고가 키우던 반려견을 다시 홍콩으로 들여가는 데 애 먹었다. 혈액을 독일에 보내 검사해야 한다며 6개월간 수용소에 맡겨야 했다. 작은 딸과 매주 일요일 면회(?)갔던 추억이 있다.

매주 수요일 나오는 홍콩의 로컬 신문에 언제 어디서 만나 어느 코스로 같이 산행한다는 광고가 나온다. 회비도 없고 그냥 모여 가이드 인솔하에 산행만 한다. 등산은 앞사람 신발 뒤만 보고 가면 된다는 말 그대로다. 나는 여러차례 참가하며 이들과 교류했다. 홍콩

부두에서 배를 타면 사이완, 강와조우완, 란이완, 장무완, 난양완 등 10여 곳 이상의 섬에 갈 수 있다. 배를 타고 이섬 저섬 다녀보는 재미도 쏠쏠하다. 이국적인 풍경과 야자수 아래에서 웃통벗고 마작을 즐기는 주민들도 볼 수 있다.

가끔은 골프백을 메고 열차편으로 국경을 넘어 심천에 가서 운동하고 해산물 값싸게 먹으며 시간을 보내고 온다. 또 배를 타고 주해, 마카오에도 다녔다. 베이징, 상하이에 이어 중국 3대 도시의 하나인 광저우는 1841년 아편전쟁 때 영국이 점령했다. 1911년에는 손문이 광저우 봉기를 일으켜 신해혁명의 시발점이 된 곳이다. 이후 손문이 1921년 중화민국 대통령이 되어 임시수도가 되었다.

홍콩 변두리 어촌

광동요리는 세계인이 좋아하는 중국요리의 하나이다. 한국인들에겐 매콤한 사천요리가 어울리겠지만 해산물이 많고 달달한 광동요리 또한 싫어하지는 않을 것이다. 홍콩에서 광저우까지는 고속열차로 1시간, 일반 열차로 2시간 정도 걸린다.

객가(客家) 인들의 문화를 이해하기 위해서 광동성 산터우(汕頭), 차오저우(朝州)에도 가보았다. 차오저우는 홍콩의 거부 리카싱(李嘉誠)의 고향으로 태국 등 동남아 화교 기업의 발원지이다. 이들은 화북지방의 황하유역에 살다가 남하하여 광동성, 강서성, 복건성지역에 정착했다. 동남아 등 해외로도 많이 이주하였다. 하카인이라고도 하며 등소평, 리콴유(싱가폴), 탁신(태국), 이등휘(대만), 손문 등 유명인사들이 많다. 이들은 이지방 저지방 떠도는 생활이 많았다. 휴대 보관이 편한 절임이나 건어물, 훈제 요리를 많이 먹었다. 독특한 문화와 언어를 가지고 유통, 상업에 종사하는 사람들이 많아 '아시아의 유태인'이라고도 불린다.

홍콩의 주력인 금융, 무역, 서비스는 중국경제의 심장부인 광동성 특히 선전, 광저우 등과 같이 맞물려 돌아간다. 나는 홍콩에 있는 동안 복건, 광서 등 남부지역의 다양한 곳에 많이 다니며 지리와 문화를 학습했다. 가족들과 중국 산수화에 나오는 계림의 절경과 중국의 하와이로 불리는 해남도 그리고 태국의 파타야에 다녀오기도 했다.

가족들과 함께 마카오 여행(성 바울 성당)

1978년 등소평이 개혁개방 선포 후 1980년 제1호 경제특구로 선전(深圳)을 지정했다. 그 후 40년이 지난 오늘날 중국은 G2로 성장하여 미국과 티격태격하고 있다. 인구 1300만 명의 선전은 중국을 대표하는 비야디, 화웨이, ZTE, 텐센트, DJI 등이 자리한 첨단기술 산업의 메카이다.

홍콩에서 수중익선을 타고 한 시간이면 닿는 곳에 마카오(澳門 Macau)가 있다. 마카오에 가면 랜드마크인 '성 바울 성당'이 반겨준다. 1557년 포르투갈이 점령해 식민지가 된 후 1999년에 중국으로 반환되었다. 25개의 세계문화유산이 있는 보물창고다.

포르투갈 스타일의 독특한 중국문화로 홍콩보다는 서민적인 풍경이라 좋았다. 약간 짭잘한 정어리, 토끼 요리 등 포르투칼 요리도 입에 맞았다. 포르투 와인도 좋았다. 국경을 넘으면 주하이, 장먼, 신후이, 포산 등 주강 삼각주 일대의 도시들이 광저우까지 연결된다.

마카오 하면 금방 떠오르는 것은 카지노이다. 1990년대 한때는 마카오 정부가 걷어들이는 세금의 2/3를 마카오의 전설적인 카지오 대부 스탠리 호(2020년 98세로 사망)가 냈다고 한다. 2001년 카지노 사업의 개방으로 라스베가스의 샌즈, 갤럭시, MGM 등 외국업체가 진출해 세계 최대의 도박 시장이 되었다. 마카오 카지노업체들의 허가가 2022년 6월에 완료된다고 한다. 중국의 승인이 없으면 접어야 한다. 홍콩에 이어 마카오의 변화 추이가 주목된다.

당시 마카오는 카지노를 좋아하는 한국인들의 성지였다. 홍콩에 들린 관광객들도 마카오를 찾았다. 직항 항공편도 늘어나고 클럽 등 다양한 유흥업소도 많아 크고 작은 사고가 일어나 가끔 갈 일이 생겼다.

마카오 카모에스 정원 안쪽에 한국 최초의 천주교 신부이자 순교자인 김대건 신부의 동상이 있다. 1985년 세운 두루마기에 갓을 쓴 형상이다. 김대건 신부는 당시 만주, 내몽고를 거쳐 8개월 만에 마카오에 와 7년간 카톨릭 교리 교육을 받고 1845년 한국 최초의 신부가 되었다. 김대건 신부의 뼛조각이 성당의 제단 아래에 안치되어 있다.

5년 전 선전에 갈 기회가 있었다. 거리는 홍콩보다 더 세련되게 가꾸어져 있었다. 국영 차이나 실크 서울지사에서 근무했던 方昌端 선생은 유붕자원방래 불역락호(有朋自遠方來, 不亦樂乎), 먼데서 반가운 친구가 왔다고 반가워하며 고급 식당에 큰 상 차려놓고 친구들을 불러 즐거운 시간을 보냈다.

홍콩…… 생각나는 분들이 많이 떠오른다.

선박대리점을 하며 글로벌 친구들을 소개해 주었던 조우 사장, 한국을 너무 좋아했고 지금은 하늘에 계신 차우씨, 맛사지업을 하며 항상 즐겁게 사셨던 최 선생님, 구룡 부둣가에서 한국 선원들을 맞이하던 부산식당 홍사장님, 매주 교민소식과 중국 비지니스 정보를 전해주던 수요저널 이 편집장님, 항상 동생처럼 따듯하게 이끌어 주셨던 박병원, 변호영 사장님 등…….

2019년 6월부터 시작된 민주화 투쟁 이후 홍콩의 변화와 대외 이미지의 쇠락, 인재 유출 등으로 예전과는 상당히 다른 분위기일 것이다. 언젠가 다시 가 볼 홍콩의 모습이 어떠할지 궁금해진다. 바다가 보이는 홍콩 아일란드의 산을 오르내리고, 주말 오전 내내 딤섬 식당에서 South China Morning Post 신문을 넘기며 시간을 보내던 시절이 그립다.

세계 최초 원폭피해지,
일본 열도의 고향, 히로시마

2002년 봄 일본 주히로시마 총영사관으로 발령을 받았다. 친구들은 원폭이 투하된 곳인데 방사능으로 위험하지 않나 하는 걱정스러운 인사를 많이 건넸다. 일본어를 시작한지 꽤 되어 현지어에 대한 큰 두려움은 없었다. 외교부 근무 초기부터 일본… 하며 가고 싶어했는데 말년에나마 가게 되어 좋았다. 중화권으로 다니다 보니 늦어진 것이다.

히로시마시는 주고쿠(中國), 시고쿠(四國)지방의 행정중심도시이다. 인구는 120만 명이다. 출입국, 운수국, 항만국 등 중앙기관의 거점 사무소들이 많이 있다. 대한민국 총영사관은 1966년 시모노세키에 설립되어 있다가 1997년 히로시마로 옮겼다.

히로시마에는 마쯔다 자동차와 미쓰비시중공업 같은 대기업도 있다. 우리나라와 선박, 자동차, 기계 등 부품 소재 분야의 교역이 많이 이루어지고 있다.

주코구 지방은 예로부터 우리나라와 일본교류의 중간 기착지로 사람과 문물이 빈번히 왕래했던 곳이다. 지리적 위치도 그렇다. 경상도 연안에서 풍랑으로 표류되면 시마네현, 야마구치현에 닿는다. 해안가에는 카라구니(韓國), 시라기(新羅) 이름의 조그만 신사들과 산이 있다. 사찰에는 조선종(朝鮮鐘), 서화 등을 볼 수 있다. 시마네현에는 우리의 대장간과 비슷한 철기문화 유적지가 있다. 옛 가야에서 전해졌다고 한다.

당시 히로시마 현청 등 행정기관에 들어가 보면 서류가 산더미처럼 쌓여 간신히 지나다닐 정도였다. 요즘에는 문서에 도장을 찍고 보관하는 관례가 조금씩 변해가고 있다고 한다. 얼마 전 끝난 일본 중의원 선거 투표도 연필로 표기해야 하는 규정 때문에 연필을 준비해 놓았다고 한다. 아직 먼 것 같다.

일본도 우리의 주민등록번호와 유사한 마이넘버(My Number 개인식별번호)제도를 2016년부터 시행하고 있다. 그러나 개인정보 유출 우려 때문에 그런지 아직도 안 가지고 있는 사람이 많다고 한다. 최근 마이 넘버를 만들면 3만엔 상당의 상품권을 줄 예정이라고 한다. 일본 정부는 2020년에 디지털청을 발족시켜 도장 찍는 문서문화를 개선하려 노력하고 있다. 2020년 주요국가의 디지털경쟁력을 보면 일본은 27위이다.(한국은 8위)

인구 280여 만명의 히로시마현에는 히로시마시 등 19개의 자치단체가 있다. 산촌의 5개 군은 인구가 얼마 안 되니 재정상황도 어렵다. 관내 도로의 유지관리를 대행하며 상생하고 있다. 일본에서 경험한 3가지를 소개해 본다. 하나는 편의점 화장실이 개방되어 있어 편리하다. 또 도심 외곽에 위치한 편의점은 넓은 주차장을 확보하고 있어 휴게소 역할을 하고 있다. 마지막으로 도심의 사거리에는 주변 안내 지도판이 있어 초행자들이 길 찾는데 편리하다.

히로시마는 1945년 8월 6일 오전 8시 15분 세계 최초로 원폭이 투하된 곳이다. 히로시마가 인류사상 첫 원폭투하의 표적이 된 것은 넓은 평지에 시가지가 집중되어 일순간에 피해의 효과를 가장 잘 나타낼 수 있는 곳이었기 때문이라고 한다. 또한 대동아전쟁 때 일본 육군과 해군의 중심지로서 군수공장들이 많았던 것도 요인의 하나이다. 이로 인해 20만여 명의 사상자가 났다. 그 중 한국인 2만여 명도 피해를 입었다. 제2차 세계대전이 끝날 무렵 히로시마에는 군인 군속 징용공 동원 학도 등 약 10만여 명의 한국인이 살고 있었다.

일본육사를 나와 히로시마에서 군 복무 중이던 고종 황제의 9남 이우(李鍝 의친왕의 차남)공(公)도 피폭되어 사망했다.

원폭피해전시관에는 집 현관에 있다가 피폭을 당해 까맣게 투영된 모습의 대리석도 전시해 놓았다. 그러나 일본이 참혹한 원폭피해를 당하게 된 원인 즉 미국이 왜 원폭을 투하했는지에 대해서는

원폭피해 건물(당시 산업물산장려관), 현재 유네스코 세계문화유산

히로시마는 1945년 8월 6일 오전 8시 15분
세계 최초로 원폭이 투하된 곳이다.
히로시마가 인류사상 첫 원폭투하의 표적이 된 것은
넓은 평지에 시가지가 집중되어 일순간에 피해의 효과를
가장 잘 나타낼 수 있는 곳이었기 때문이라고 한다.
또한 대동아전쟁 때 일본 육군과 해군의 중심지로서
군수공장들이 많았던 것도 요인의 하나로 보고 있다.
이로 인해 20만여 명의 사상자가 났다.
그 중 한국인 2만여 명도 피해를 입었다.

한국인 원폭희생자위령비(히로시마 평화공원)

설명되지 않았다고 반문하는 외국인들이 많다.

히로시마 원폭 3일 후인 8월 9일 규슈의 나가사키에도 투하되었다. 여기서도 수천~1만여 한국인들이 희생되었다. 얼마 전 한국인희생자 위령비가 나가사키 평화공원 내에도 건립되었다는 소식이다. 한 가지 아쉬운 것은 일본 측이 '강제징용'이라는 표현을 안 받아들여 "태평양전쟁 말기에는 본인의 의사에 반하여 노동자, 군인 및 군무원으로 징용, 동원되는 사례가 증가되었다"로 표기되었다고 한다.

히로시마 평화공원에서는 원폭이 투하된 8월 6일 같은 시각에 기념식이 열린다. 전국의 우익단체들이 몰려 시위를 벌이기도 한다. 공원 안에 한국인 원폭희생자 위령비가 묵묵히 서 있다. 비석의 표제는 이효상 전 국회의장, 비문은 한갑수 전 서울대 교수가 썼다. 히로시마에 가면 잊지 말고 가 볼 곳이다.

뜻있는 일본인들이 한국인 원폭피해자 지원협의회를 만들어 피해자 관련 소송 등을 도와주고 있다. 고마운 분들이다. 나는 이들과 매년 봄철에 같이 산으로 야유회를 가며 우호를 도모했다. 봄의 전령사인 두릅 순 따고 계곡에서 야마메(山女魚)를 잡아 튀겨먹던 추억이 찐하다.

당시 일본열도에는 드라마 "겨울연가"의 인기가 솟구쳤다. 또 2002한일공동개최 월드컵 축구대회로 두 나라 간의 우호 분위기가 최고조에 달했다. 나는 관할지역인 히로시마현, 야마구치현, 시마네현, 에히메현, 코우지현 등 5개 지방에서 나오는 신문을 보며 현지에 어울리는 사업들을 추진했다.

코리아위크, 한국상품전, 난타공연, 김치강습회, IT교류회, 조선기자재 수출 상담회, 관광설명회 같은 행사를 하면 인파가 구름같이 몰리곤 했다. 특히 지방으로는 처음으로 IT기업교류회를 개최해 주목을 받았다. 히로시마정보산업협회 스즈키 회장과 같이 서울에 가 관계기관, 협회를 방문하는 등 준비에 열정을 다해 성공적으로 치렀다.

나는 현지 공무원들을 한국에 보내 전자정부시스템을 이용한 민원서류처리 등을 소개했다. 히로시마현청의 모 과장은 "우리는 조금 늦더라도 보안장치를 완벽히 한 다음에 시행한다"고 말했다. 당시 한국에서는 컴퓨터 대란이 나 큰 혼란을 겪은 바 있었다.

히로시마에서의 첫 일본 생활은 재미있었다. 각계의 다양한 일본인, 재일교포, 한인들과 어울리며 교류했다. 홈스테이 체험도 해보았다. 온천욕을 좋아해 매주 온천탕을 찾아 다녔다. 가끔 유흥가 나가레가와(流川) 단골 가게를 돌며 대만 가라오케에서 배운 가수 덩리쥔(鄧麗君)의 노래를 부르곤 했다.

나는 히로시마 시청과 마쯔다자동차에서 운영하는 국제교류센터 자원봉사자들과 어울리며 일본어를 배우고 일본 생활에 적응했다. 당시 나이가 지긋했던 몬텐 씨는 노령임에도 일본 특유의 친절을 베풀며 미야지마(宮島) 등 히로시마의 주요 관광지와 시장에 데리고 다니며 일본의 문화와 풍습을 잘 알려주었다. 참 고마웠다. 내가 히로시마 근무를 마치고 귀국한지 1년 뒤쯤 딸 가족과 함께 서울에 와 경복궁과 국립 중앙박물관, 인사동 등지를 안내하며 시간을 보냈다.

2003년에는 부산과 히로시마를 잇는 페리 은하호(銀河號)가 취항하게 되었다. 나는 아내와 함께 미리 부산에 가서 첫 출항 페리에 승선하여 하로시마 우지나(宇品) 항에 내렸다. 이후 주코구(中國) 지방과의 인적, 물적 교류가 늘어나게 되었다. 운항 중단된 은하호가 다시 오가며 교류의 플랫폼이 되는 날을 기대해 본다.

히로시마시 인근 구레(吳)시에 시모카마가리(下蒲刈) 섬이 있다. 이곳은 1607년부터 1811년까지 열두 차례에 걸쳐 일본을 왕래하며 우호 친선 교류했던 조선통신사의 길목이다. 이곳의 쇼토엔(松濤園)은 조선통신사를 맞이한 곳으로 조선통신사 자료들이 전시되어 있다. 여행자들이 찾아가 보아도 좋은 곳이다.

나는 2003년 당시 조선통신사 정사(正使)로 가마를 타고 재현행사에 참가한 바 있다. 어쨌든 영광이었다. 5년 전에는 시모노세키 바칸(馬關, 시모노세키의 옛 별명) 마쯔리 조선통신사 재현 행사에 참가했다. 시모노세키는 혼슈의 첫 기항지였다. 당시 시모노세키 영접을 담당한 조슈번(長州藩)은 통신사의 신분에 따라 고급요리와 술을 대접했다고 한다.

조선통신사 기념공원에 우리나라의 꽃 무궁화를 심었다. 꽤 오래 지났는데 아직 가보지 못해 많이 궁금하다. 옛 조선통신사가 다니던 길목에서 한일우호를 응원하며 잘 자라고 있을 것이다. 조선통신사 기록물은 한일양국의 민간단체가 협력하여 노력한 결과

조선통신사 재현행사에 정사(正使)로 참석

2017년에 UNESCO 세계기록유산으로 등재되었다. 400년이 지난 조선통신사는 지금도 양국 민간교류의 좋은 테마가 되고 있다. 이젠 '한일우호사'로 부르면 어떨까.

재일동포(민단)들은 대개 일제강점기 때 온 후손들이다. 근래에는 유학이나 결혼 그리고 식당 등 자영업을 위해 오는 뉴커머 한인들도 보인다. 히가시(東)히로시마시에 일본 여성과 결혼해 살고있는 박대근 씨가 있다. 부인 쪽의 5남매 중 3남매가 한국인과 결혼해 '한국집안'이다. 3천여 평의 벼 농사지으며 농한기 때에는 조경 일을 하고 있다. 1남 3녀를 두어 교육비가 많이 들어가 일을 해야 한다고 한다. 그는 시청, 시의원들과 두루 막역하다. 한일우호 친선 교류활동에도 기여하고 있다. 최근에는 도시 간 자매결연도 추진해

히로시마 일한친선협회 회원, 유이야마, 마에스에, 박대근 씨와 함께

보고 싶다는 의견을 보내왔다. 매년 가을이면 햅쌀을 보내주어 맛있게 먹었던 기억이 있다.

히로시마에서 3년을 조금 못 채우고 귀국하게 되었다. 2004년 4월 이라크에 나가 있던 우리 선교사가 현지에서 피살되는 사고가 났었다. 당시 여론은 정부에서 해외 여행자와 체류 국민에 대한 영사보호가 미흡하다 하여 뭇매를 맞게 되었다. 당시 반기문 장관님은 24시간 재외국민을 보호하는 조직을 추진하셨다.

히로시마를 떠난 다음, 도쿄에 근무할 때 그리고 은퇴 후 1-2년에 한 번씩은 히로시마를 찾아 일본인 친구들과 재일동포, 뉴커머 한인들 만나 회포를 풀곤 했다. 당시 인기가 좋았던지 내가 가면 '욘사

마'가 온 것처럼 다양한 분들이 많이 모였다. 도쿄와는 다른 푸근한 정을 갖게 하는 곳이다. 한일관계가 차갑더라도 친구 그리고 친구의 친구들이 손잡고 따스한 온기가 식지 않도록 이어나가면 좋겠다.

나는 요즈음도 친하게 지냈던 히로시마의 풀뿌리 민간인들과 서로 안부를 묻고 오가며 지내고 있다. 젊은시절 '삼천포'에 산적이 있었다는 마에스에 씨, 이집트 여행하며 수집했다는 골동품을 보여 주었던 유이야마 씨, 주고쿠 신문기자로 한국어를 잘하며 '도라산역'에도 가보았다는 이또 씨, 트라이애슬론을 하며 통영을 잘 아는 모리야마 씨, 한국 일이라면 누구보다 앞장서 도와주었던 가네모리 씨, 낚시를 좋아하며 히로시마와 도쿄에서 나의 승용차를 해결해

〈안녕하세요〉 히로시마 한글학습모임

주었던 야마우라 씨, 한일친선 활동의 대부 다마키 씨, 한국인 원폭 피해자를 헌신적으로 돕고있는 아다찌 씨, 한일 우호 교류를 위해 힘쓰고 있는 박대근 씨….

지방자치단체와 민간, 기업의 교류는 다른 외부 요인의 영향을 받지 않고 지속적으로 우호와 친선을 도모해 나가면 좋겠다.

대한민국! 짝짝짝짝짝! 대한민국! 짝짝짝짝짝! 2002년 한일월드컵 때 양국 청년들이 영사관에 몰려와 붉은악마 셔츠와 머리띠 매고 맥주마시며 하나가 되어 응원할 때의 함성이 아직 생생하다. 하루 빨리 한국과 일본의 미래의 주역들이 격의 없이 이웃 친구처럼 우의를 다져나가길 고대한다. 바다와 강 그리고 산들이 어우러진 아름다운 도시 히로시마는 나의 일본 고향처럼 푸근한 곳이다.

아쉬운 이별의 마지막 임지, 도쿄

2008년 봄, 32년 공직을 마무리하는 도쿄로 향하는 마음은 들뜸과 아쉬움의 반반이었다. 1981년 뉴욕에서 출발한 글로벌 트레인이 멈추는 종착역이었기 때문에 잘 마무리 해야겠다는 다짐도 들었다. 나는 주일 한국대사관 총영사로 부임했다. 관할지역은 동경도(都), 치바현, 이바라기현, 사이타마현, 도치기현, 야마나시현 등 일본 관동의 1도 6현이다. 지금은 야마나시현이 요코하마 총영사관 관할로 조정되었다. 6년 전 주코구(中國) 지방의 중심도시 히로시마에서 생활한 경험이 있어 정착에 큰 애로는 없었다. 대사관 가까운 미나미아자부(南麻布)에 집을 얻었다. 모두 걷는 거리 범위 내여서 좋았다. 롯본기(六本木) 언덕으로 이어지는 거리에는 메밀요리, 베이커리 등 오래된 가게들이 줄지어 있다. 여름에는 아자부주반(麻布十番)마쯔리가 유명하다.

도쿄에 가서 얼마 안 되어 일화가 있었다. 주말에 전차를 타고 다카오산(高尾山)에 가던 중 서울에서 걸려온 전화를 받았다. 그때 4-5미터 떨어진 곳에 있던 중년 남성이 다가와 "다메요"(안 돼요)하며 불쾌감을 표시하였다. 나는 남에게 폐를 끼쳐서는 안 된다는 일본의 "메이와쿠"(迷惑) 문화를 너무 쉽게 생각했던 것이다. 요즘은 도쿄 지하철의 전화 매너도 전과는 달리 유연하게 바뀌어 가고 있는 느낌이다.

아침에는 집에서 20여 분 거리에 있는 도쿄타워 주변 공원까지 산책을 즐겼다. 공원에는 매일 열댓 명 정도 모이는 국민체조 그룹이 있었다. 6시 NHK 라디오에서 나오는 방송을 들으며 몸을 푸는 것이다. 연초의 어느 날, 그룹 리더가 앞에 나오더니 1인당 200엔씩 내달라는 것이다. 뭐냐 물으니 1년간 드는 라디오 밧데리 구입 비용을 같이 부담하는 것이라고 한다.

얼마안되는 밧데리 값을 나누어 부담하는 것은 아주 일본적인 것으로 보였다. 일본의 세켄(世間)은 우리의 세간보다는 좁은 의미로 자신이 속한 공동체이다. 아침마다 만나 인사 나누고 같이 체조하는 모임도 공동체이다. 작지만 자신이 속해있음을 인식하고 활동하는 영역인 것이다.

자동차는 히로시마에 있을 때 중고차를 사며 알았던 야마우라(山浦) 씨가 도와주었다. 도쿄에 부임했다고 연락했더니 며칠 후 800여 Km를 밤새 달려 왔다. 감동이었다. 히로시마에서 배를 타고 야마구치 해안으로 바다낚시도 다니며 자주 어울렸다. 하루는 큰 파도가 아니었는데도 배멀미가 심해, 작은 섬의 민가에 내려 쉰 적도 있었다. 서울에서도 만나며 우정을 나누고 있다. 한 번 믿음을 가지고 사귄 친구는 국적과 상관없이 오래간다. 야마우라 씨는 요즘도 가끔 코로나 상황을 물으며 걱정하는 전화를 해온다.

대사관 영사부 사무실을 민단 건물로 이전하며 민원실 분위기를 태극문양과 전통 기와 등으로 장식했다. 처음엔 한국 식당 분위기가 난다는 뒷말도 있었으나 이를 설계한 젊은 재일동포 3세의 의도를 존중하여 그대로 밀어 부쳤다. 이후 동포들로부터 "영사관에 가면 고국의 향수를 느낄 수 있어 좋다"라는 얘기를 듣곤 했다. 도쿄에 가시는 분들은 들려보셔도 좋다. 주변에 100년 전통의 도미빵(다이야끼) 가게도 가깝다.

나는 도쿄에 근무하며 현장중심의 찾아가는 영사서비스를 실천하려 노력했다. 현장을 알아야 그에 맞는 서비스를 할 수 있기 때문이다. 만족도가 높았다. 어느 지방에 가보니 "이제 총영사가 자주 오니 좋다"라는 말도 들렸다. 본부에서 영사콜센터를 개설하여 3년 이상 운영하며 터득한 고객 서비스 경험이 도움이 되었다.

나는 소통이 중요하다고 보고 매월 직접 '영사메일'을 작성하여 동포, 한인, 유학생 등에게 보내며 공유했다. 주로 공지 사항과 생활 정보였다. 마지막 페이지에는 팁으로 한국관련 역사, 문화관련 유적지와 등산코스 등 가볼 만한 곳도 소개했다. 귀국 전까지 총 29

한국적인 분위기를 살린 주일본 한국대사관 영사부 민원실

회 약 600여 페이지에 달했다. 도쿄에서 시작한 '영사메일' 소통 습관은 은퇴 후 대전국제교류센터를 운영하면서 '교류메일' 로 이어나갔다. 이주외국인, 유학생 그리고 다문화단체들과의 소통 채널로 좋았다. 지금은 건양역사관에 근무하고 있으니 역사문화와 관련된 것들을 정리하여 '역사메일'을 시작해 보고 싶다.

1911년 재일동포의 수는 2,527명이었으나 1944년에는 1,936,843명에 달했다. 지금은 귀화, 국제결혼, 출산율 감소 등으로 45만 명 선이다. 1946년에 창립된 민단은 1977년에 지문날인철폐 등의 성과를 거뒀다. 그러나 지방참정권은 아직 실현되지 않고 있다. 성공한

재일본 충청향우회 유기환 회장 등 간부와 함께(도쿄)

재일동포들도 많다. 경제계에는 롯데의 신격호, 소프트뱅크의 손정의, 일본 최대의 파칭코 재벌 한창우 등과 스포츠계에서는 장훈, 아오키 등이 있다.

민단은 전국에 48개 지방본부와 265개의 지부를 운영하고 있다. 산하에 상공회, 부인회, 체육회, 청년회, 학생회, 학도의용군동지회, 과학기술자협회 등 훌륭한 조직을 가지고 있다. 저출산 고령화로 동포의 수와 참여자가 줄어들었다. 또 전에 여권발급 등 민원업무를 민단에서 대행할 때와는 달리 지금은 직접도 가능해 상황이 바뀌었다.

동포청년들은 고민이 많다. 부모들은 동포끼리 만나 결혼해줄 것을 바라지만 일본에서 자라나 일본 회사에 취직해 살고 동포를 만날 기회조차 없으니 쉽지 않은 일이다. 동포 간의 결혼율은 10% 미만이다. 커플링 파티 등 이벤트를 하며 노력하고 있다. 민단은 지역의 실정에 맞는 사업을 찾아내고 친목과 공동 이익을 도모할 수 있는 방향으로의 과감한 변화와 대대적인 혁신이 필요한 시점이다. 훌륭한 조직을 잘 활용하면 충분히 활성화될 수 있다.

나는 민단의 미래를 위하여 약화된 청년회 조직을 강화하기 위해 지방을 다니며 청년회를 부활시키려 이들과 소통했다. 또 귀금속협회, 한인회 등 뉴커머 단체의 활동을 지원하고 민단과 상생하도록 친선교류를 중개했다.

민단중앙회관 별관에 재일한인역사자료관이 있다. 재일동포들의 역사와 삶이 잘 전시되어 있다. 도쿄에 가면 들려봐야 할 곳이다.

동포들은 수해의연금, 평화의 댐, 독립기념관 건립, 숭례문 복구 성금을 걷어 냈다. 88올림픽과 IMF 때는 540억 원, 그리고 87억 엔의 성금을 본국에 보냈다. 또 모국투자와 신한은행을 설립하여 모국 경제발전에 기여했다. 도쿄, 오사카, 요코하마 등 대부분의 일본 내 공관의 토지와 건물도 기증했다.

재일동포들은 민단, 부인회, 상공회 등에 참가하여 활동하고 있다. 이외에 경북도민회, 전남도민회, 충청도민회 등…. 출신 고향모임 그리고 광산김씨, 김녕김씨 등 종친 모임도 있다. 나는 광산김씨

도쿄 민단, 상공회 임원, 광산 김씨 동경종친회 회장 등

관동지역모임에 나가며 친목을 다졌다. '재일본 광산김씨 종친회'는 오사카 인근에 공동 묘원(靈園)을 운영하고 있다.

동포 1세들의 비율은 5%만이다. 대개 어린시절에 건너와 부모로부터 배운 한국의 유교 전통 그대로 어른을 섬기고 자식들을 교육시키며 조상에 제사 지내는 것을 몸에 익혀 전해 오고 있다. 유기환(文化 柳氏) 재일충청협회 회장은 양력 8월 15일에 건을 쓰고 추석 제사를 올린다고 한다.

충청도민회는 2018년 도민회 중 최초로 대전, 세종, 충남, 충북의 4개 시도의 연합체로 '사단법인 재일충청협회'를 발족시켰다. 2018년 10월에는 대전에서 22개국에서 온 150명의 충청출신 해외동포

일본 야마나시현 고후(甲府)에서 만드는 한상막걸리

들이 모여 '세계충청향우회'가 출범했다. 백제문화제 등 고향 곳곳에서 열리는 이벤트에 대한 해외현지 홍보, 마케팅 등 상생해 나가면 좋을 것이다. '글로벌 충청'을 위한 이들의 활동을 기대해 본다.

동포(민단) 이외 한인들의 수도 늘고 있다. 뉴커머 한인이라고도 불리며 그 수는 16만 명에 달한다. 이들은 대개 유학이나 취업 후 일본에 정주하거나 자영업으로 진출하고 있는 한국인이다. 재일본한국인연합회와 재일한국인귀금속협회 등 단체가 활동하고 있다. 이들은 본국 청년들의 일본 인턴십, 취업, 창업도 도와주고 있다.

뉴커머들은 IT와 음식업, 한류 관련 사업, 부동산, 귀금속 등 분야에서 성공한 기업인들이 많다. 도쿄 신주쿠 오쿠보 도오리에서 시작하여 지금은 후지산 아래 야마나시현 고후시로 옮겨 '한상막걸

시즈오카현, 야마나시현에 있는 후지산(富士山 3776m), 2013년 세계유산에 등재되었다.

리' 브랜드의 술을 빚고 있는 한길수 대표는 "한국의 전통 막걸리가 한일우호 교류의 마중물이 되는 날이 오게 되기 바란다" 고 말한다.

주말에는 당시 재일한국인귀금속협회 염순택 고문님과 같이 창설한 도쿄국제산악회에 참가하며 동포, 한인, 유학생은 물론 일본인들과도 교류하였다. 나는 후지산(3776m)에 세 차례에 걸쳐 등반했다. "후지산에 한번 안 올라본 사람도 바보, 두 번 올라본 사람도 바보"라는 말이 있다.

도쿄에서 50여 킬로 떨어진 사이다마현에 히다카시(日高市)가 있다. 고려향(高麗鄉)에 있는 고마진자(高麗神社)는 1300여 년 전

(서기 716년) 고구려 멸망(668년) 후 일본열도로 피난 온 고구려 왕족 고마 잣코(高麗若光)가 1,799명의 유민을 모아 고려군(郡)을 설치한 스토리를 가지고 있다. 지금은 60대손 고마 후미야스(高麗文康) 궁사(주지)가 이어가고 있다. 이곳의 풍경은 한국의 농촌 마을과 비슷해 고향에 온 기분이다. 이곳을 흐르는 냇물은 고려천(川), 역 이름은 고려천역(高麗川驛)이다. '고려'이름의 택시도 눈에 띤다. 이외 고려산, 고려우체국, 고려중학교, 고려소학교 등…. 히다카는 일본 속 고구려다. 이곳에서는 매년 '김장마츠리(김장축제)'가 열린다. 옛 고구려 유민들이 와서 터를 잡은 이래 인연이 이어지고 있다. 도쿄에 가면 한 번 들려볼 만한 곳이다.

고마진자는 출세, 장수, 건강의 진자로 이름이 나 소원하는 방문자들이 찾아오고 있다. 이곳에 다녀간 사람들이 일본 총리, 대신 등 높은 지위에 오른 예가 많다고 한다. 한국에서 오는 인사들의 명패도 적지 않다. 2017년 일본 황후가 천왕과 함께 개인 자격으로 다녀갔다. 지역의 민단에서 만든 천하대장군, 지하여장군이 입구에서 반겨준다. 경내에는 고구려 민가가 있다.

위 고마진자 이외 동경도(都)와 치바(千葉) 등 6개현의 곳곳에는 고대 한반도와 관련된 문화 유적지가 많이 있다. 도쿄의 대표적인 관광지 아사쿠사에 있는 센소지는 도래인 히노구마에 의해 건립되었다. 멀지 않은 도치기현 닛꼬시의 도쇼구(東照宮)는 조선통신사 일행

제14대 심수관 옹이 만든 사츠마야끼 찻잔

이 3차례 갔던 곳이다. 조선종(鐘)과 동으로 만든 등(燈)이 있다.

기억에 남는 여행이 있다. 귀국하기 얼마 전 가고시마 규수 남단 여행이다. 1598년 정유재란 때 남원성에서 도공으로 가고시마에 끌려가 일본 도자기의 대명사인 사쓰마 도기(薩摩焼)를 만들어온 14대 심수관(沈壽官) 명예총영사를 만난 것이다. 그는 가보처럼 전해져 온 망건과 탈을 꺼내 보여 주며 눈시울을 적셨다. 초대는 심당길(沈當吉)이다. 2012년 여수 박람회 때 기념도자기를 만들어 출품하고 싶다 하여 도와준 바 있다. 그는 2019년 92세로 별세했다. 글로벌 소품관에 심수관 옹이 만든 찻잔이 있다.

도쿄에 있는 동안 딸들이 결혼했다. 누구 얘기대로 현직에 있을 때 해결해 주었으니 효녀다. 마침 일본 엔화의 환율이 가장 좋을 때였다. 한계급 승진도 했다. 고달픈 공무원 생활에서 그래도 승진할 때 기분이 가장 좋다.

마지막 해외 임지를 떠나 서울로 돌아온지 4일 후 3월 11일 동일본대지진 쓰나미가 덮쳤다. 정말로 크나큰 충격이었다. 믿어지지 않았다. 4년 전 후쿠시마현 이와기(岩木)에서 호텔을 운영하는 조한철 사장님의 안내로 쓰나미가 휩쓸었던 해변을 걸어보았다.

1981년 봄 미국 뉴욕에서 출발한 '김현중號 글로벌 트레인'은 2011년 봄 일본 도쿄에서 멈추었다. 중도탈락 없이 완주했다. 가족과 함께 북아메리카, 아프리카, 그리고 아시아 대륙을 넘나든 소중한 삶이었다. 대전의 끝 등골마을에서 기차 통학하며 자란 흙수저 김현중이 뜻 위에 길을 만든 긴 여정, 행복했다.

재직 당시
사용했던 여권

제2부

글로벌 에세이

글로벌 00대학, 글로벌 기후변화 위기, 글로벌 금융위기, 2년 전 부터의 글로벌 코로나 바이러스 팬데믹…. '글로벌' 자가 들어가야 말이 되는 시대다. 싸이의 '오빤 강남 스타일'도 '글로벌 살풀이' 로 해석한다. 특이한 동작의 말춤은 그 당시 세계금융위기 후 침체된 경기로 얼어붙은 지구촌을 들썩이며 세계인들의 몸과 마음을 녹여주며 달랬다. 팬데믹 시대에는 1명만 위험해도 70억 지구인 모두가 위험해지는 세상이 되었다. 다시 '살풀이'라도 해야 되지 않을까…….

정보통신과 교통의 급속한 발달로 세계화(Globalization)가 앞당겨졌다. 사전에는 전세계 사람, 기업 그리고 정부간의 상호작용과 통합의 과정이라고 나와있다. 국가와 국적의 개념이 희미해져 지구촌 주민들끼리 손바닥 안에서 소통하며 어디라도 가서 일을 찾아 살 수 있는 시대다. 우리나라에도 전 세계인이 와 함께하고 있다. 88올림픽 때 내가 있었던 아프리카 최고의 오지 마을 부르키나파소의 수도 와가두구에도 30여 명의 한국인들이 살고 있다.

세계화는 1991년 소련 해체 이후, 30여 년간 지구촌의 번영을 이끌어 왔다. 코로나 팬데믹과 우크라이나 사태를 거치면서 탈(脫) 세계화 역풍이 거세다.

세계시민이라는 인식을 가지고 외국의 문화를 받아들여 세계인들이 자유롭게 활동할 수 있는 무대가 되도록 동참해야 하는 시대다. 또 기후 변화, 전염병 문제에도 적극 나서야 할 때다.

나는 어린 시절부터 '외국으로의 의지' 하나로 살아왔다. '뜻 위에 길'즉 '글로벌 로드'를 만들며 도전해 온 것이다. 지금도 그렇고 앞으로의 인생도 그럴 것이다. 30여 년 외교부 생활 중 20여 년간 가족을 이끌고 7개 나라에 살았다. 현지어 배우고 주변의 나라들을 여행하며 문화와 역사를 학습하는 황금의 기회를 가졌다.

은퇴 후에는 시골로 돌아와 대전국제교류센터와 건양대학교에 근무하며 거주 외국인에 대한 지원과 문화체험 기회 제공에 열정을 다했다. 그리고 중 · 고등학교, 대학생들에게 해외 경험을 전수하고, 해외취업이나 외국유학생 유치에도 힘을 썼다.

아울러 글로벌 소품을 전시해 놓고 교류와 기고, 강의활동을 해왔다. 제2부는 나의 글로벌 의지와 도전 그리고 여행에 대한 스토리다.

흙수저 김현중의
글로벌 도전 의지와 여정

나는 한국동란 중 6남매의 장남으로 태어났다. 스스로 "대전의 강원도"라고 일컫는 하늘만 빼꼼한 산촌, 대전의 끝자락 명막산 아래 자리잡은 대전시 서구 흑석동 '등골'마을이다. 원래의 이름은 둔곡(屯谷)이다. 지금은 '등골'로 불린다. '힘들어 등골이 휜다'라는 말 있듯이 6.25 때는 피난민들이 몰렸던 산촌이다. 지금도 대전에서 2시간 간격으로 시내버스가 다니는 오지이다.

전북 부안에 가서 직장생활을 할 때다. 늦은 열차를 타고와 흑석리역에 내리면 밤 10시가 넘는다. 등골고개를 혼자 넘기가 무서워 이웃 마을 아주머니에게 부탁하면 호롱불을 들고 고개마루까지 바래다 주곤 했었다. 지금은 다르다. 10년 전 마을 인근에 4차선 도로가 뚫렸다. 곧 30만 평 산업단지가 들어서고 흑석리역이 부활된다. 건양대학교 병원도 10분 거리다.

어린 시절에는 양식이 부족해 여름에는 꽁보리밥 아니면 칼국수 겨울엔 고구마로 때우며 자랐다. 어머니는 밀 타작하여 찧은 거무티티한 밀가루를 홍두깨로 밀어 칼국수를 만들어 식구들 끼니를 책임지셨다. 윗방 한구석에는 수수깡으로 만든 고구마 통가리가 있었다.

방학 때는 가까운 괴곡교 건설 현장에 나가 알바를 해야 했다. 얼마 전 관저마을역사관 옛 사진 전시회에서 1968년 교량 준공식 장면 사진을 보았다. 뜨거운 여름 물이 질질 새는 질통을 메고 모래를 날랐던 추억이 찡했다. 당시 고등학교 2학년 때다. 일찍이 시내에 나가 아이스케키 가게에서 일했던 누나의 도움도 받았다.

1969년 여름, 입도 선매된 나는 전주에서 처음 직장생활을 시작했다. '조국근대화 시대의 기수'였다. 폴리에스텔 섬유 공장을 지으며 일본에서 들여온 기계 설비를 놓는 현장이었다. 작업복에 워카 신발의 노가다 판이었다. 같이 일하던 일본 기술자들이 성실히 책임을 다하며 모든 것을 꼼꼼히 기록하는 면을 배울 수 있었다.

70년대에 중동 건설 진출 붐이 거셌다. 해외로 나가 가난을 탈피해보려는 사람을 대상으로 한 건설근로자 또는 원양선원 취업 등 벽보가 나붙고 조직 사기꾼들도 있을 때였다. 나도 해외 한 번 나가 보고자 열망했던 부류였다.

아랍어를 배워보려 한국아랍친선협회 문도 두드렸다. 글로벌 진출의 꿈을 실현하기 위한 도전이었다. 아직도 잊혀지지 않는 아랍어 두 마디가 있다. '앗살라무 알라이쿰' (당신에게 평화가 깃들기

나는 한국동란 중 6남매의 장남으로 태어났다.

스스로 “대전의 강원도” 라고 일컫는

하늘만 빼꼼한 산촌, 대전의 끝자락 명막산 아래 자리잡은

대전시 서구 흑석동 ‘등골’ 마을이다.

원래의 이름은 둔곡(屯谷)이다. 지금은 ‘등골’ 로 불린다.

‘힘들어 등골이 휜다’ 라는 말 있듯이

6.25 때는 피난민들이 몰렸던 산촌이다.

올해도 풍년이요! 직접 심은 벼와 등골 마을 어귀의 느티나무

초등학교 6학년 시절,
김기옥 담임선생님과 함께
(저자는 앞 맨 오른쪽)

"어린 시절에는 양식이 부족해 여름에는 꽁보리밥 아니면 칼국수 겨울엔 고구마로 때우며 자랐다. 어머니는 밀 타작하여 찧은 거무티티한 밀가루를 홍두깨로 밀어 칼국수를 만들어 식구들 끼니를 책임지셨다."

중학교 1학년 시절(1964) (앞 오른쪽)

부모님과 형제들 그리고 아내, 큰딸(시골집 마루)

를), '슈크란'(고맙다).

지금 생각해 보면 나의 해외 진출의 의지는 굉장했다. 골몰하다가 "나도 光山金氏"를 내세우며 당시 김우중(金宇中) 대우건설회장에게 편지까지 써보았다. 이른 새벽에는 종로 학원가를 누비며 영어, 스페인어, 일본어를 수강했다.

나의 글로벌 로드는 열리기 시작했다. 먼저 산업전사에서 지방의 공직사회로 진입하는데 성공했다. 시험 본 2곳으로부터 모두 합격통지서가 날라왔다. 내 인생의 기록물이라 고이 간직하고 있다. 이것이 긴 여정의 기초를 깔아 준 셈이다. 하숙 보따리 둘러 메고 부안(교육청)으로 갔다. 첫 월급은 1만 5천 원이었다. 하숙비로 월 7천 원이 나갔다. 공직의 첫 출발지 부안을 잊지 못해 떠난 후 가끔 찾아보곤 했다. 변산해수욕장, 곰소항, 격포, 채석강, 내소사 등….

그 후 독립기념관 바로 옆에 있는 천안 목천중·고등학교로 전출해 가 있다가 1972년 입대했다. 카투사로 배치되어 부평과 평택에서 교육받고 부산에서 근무했다. 3년간 미군들과 뒹굴며 잘 보냈다. 아메리칸드림도 갖게 되었다.

나는 병장계급을 달자마자 소대장 임무를 맡았다. 소대원들이 30명이 넘었다. 중학교 때부터 단어 외우기를 좋아하며 꾸준히 영어를 가까이 해 온 것이 도움이 되었다. 부산 부두에 군수물자가 들어오면 이를 용산, 동두천, 오산, 군산, 춘천, 원주, 왜관, 대구 등지의 미군부대로 배송하는 '물류 부대'였다. 국내의 여러 곳을 다녀볼

카투사 복무 시절의 '김현중 병장(왼쪽 두번째)'
부산 캠프 하야리아

수 있어 좋았다.

짓궂은 미군 운전병들은 트럭 문짝에 익살스러운 여자얼굴과 '여보 익스프레스(YOBO EXPRESS)'라고 그려넣고 10여대의 트레일러들이 칸보이를 지어 시꺼먼 연기를 내뿜으며 경부고속도로를 질주해 구경거리가 된 적도 있었다.

카투사 복무 기회는 글로벌 노마드의 고삐를 잡게 해 주었다. 세베스찬, 기어, 폽, 딩커폴 등 당시 같은 소대에서 일했던 미군

(GI) 동료들의 이름이 생생하다. 지금 생각해 보면 카투사 복무(1972~1975) 기회는 나의 글로벌 여정에 유익한 점이 많았다. 미국의 각 지역에서 온 다양한 피부색의 병사들과 3년간 동고동락하였다. 미국을 넘어 글로벌 체험을 제대로 한 것이다. 당시 한미 간 프렌드십을 위해서 막사를 같이 사용했다. 언젠가는 한 미군이 마리화나를 피다가 적발되어 머리를 박박 깎인 적도 있었다.

미군들과의 근무는 나의 글로벌 로드에 대한 의지를 확고히 해주는 계기가 되었다. 다시 조치원(연기군 교육청)으로 옮겼다. 결혼식도 올렸다. 조치원은 32사단에서 신병훈련을 받았던 곳이다. 여름철 복숭아가 맛있다.

1977년 수산청으로 옮겼다. 지방에서 중앙무대로 진출한 것이다. 먼저 부산 영도에 있는 수산기술훈련소로 내려갔다. 원양어선을 타는 선원들이 선원수첩에 교육 이수 확인 도장이 있어야 승선이 가능했던 시절이었다.

서울 본청으로 올라와 수산물 무역 업무를 담당했다. 사무실은 서울역 앞 옛 대우빌딩 17층에 있었다. 당시 원양 참치는 우리나라의 수출에 큰 몫을 차지했었다.

첫 서울 생활은 청파동 반지하 사글세 방에서 시작했다. 사무실은 걸어다녔다. 지금 생각해 보니 영화 '기생충'에 나오는 송강호(김기택역) 가족이 사는 그 집 모습 그대로였다. 방에서 보면 지나가는 사람이 보였다. 늦은 밤에는 술주정꾼의 발걸음과 끽끽하는 소리도 들렸다.

1979년 외무부(현 외교부)로 옮겼다. 드디어 기회가 왔다. 글로벌 로드에 들어섰다. 중학교 때부터 가져온 나의 의지가 이루어진 것이다. "뜻이 있는 곳에 길이 있다"(There is a will, there is a way) 진솔한 마음으로 꾹꾹 눌러 쓴 펜의 힘이 강했다. 사무실은 1995년 철거된 옛 중앙청 3층이었다. 육중한 화강암 건물은 한 여름에도 시원했던 추억이다.

나는 아버지를 닮아 외지의 안 가본 곳을 찾아다니고 사람 만나기를 좋아했다. 가족에 '글로벌 DNA'라도 있는 것일까? 딸들도 손주들도 '글로벌 끼'가 있는 느낌이다.

만 서른의 나이에 뉴욕으로 첫 해외 근무 발령을 받았다. 요즘과는 달리 당시의 내 기분은 반반이었다. 당시는 대개 생활이 어려워 외교부 초년병들은 후진국에 가서 강제저축(?)한 다음에 자녀교육 타이밍에 선진국에 가기를 선호하는 풍조였다.

나는 그래도 좋았다. 부임하는 길에 도쿄와 호놀룰루, LA를 경유하며 대강이나마 미국 대륙을 훑어 보았다. LA에서 뉴욕으로 가는 하늘길 창에 카투사 시절 같이 근무했던 세베스찬 등 미군 병사들의 얼굴이 스쳤다.

나는 가는 곳마다 그 나라의 언어와 문화 그리고 관습을 익혔다. 특히 그 나라 서민 스타일의 여행을 즐겼다. 열차는 4-6명이 같이 쓰는 것을 이용하고 숙소도 여럿이 쓰는 큰 방을 쓰며 현지화(Localization)를 실천했다. 해외에서의 20여 년은 가족과 함께 한 소중한 글로벌 문화 체험이었다.

해외에 있는 동안 처음 가는 곳은 먼저 박물관이나 향토사자료관을 찾아 보며 이해를 넓혔다. 다음에는 여행을 통해 그 나라의 지리와 역사 문화를 이해하고 또 사람을 만났다. 또 주변의 나라도 가보는 기회를 가졌다. 국경을 직접 넘는 자동차 여행을 하는 현지체험을 즐겼다. 현지인과 어울려 여행하며 불어, 중국어, 광동어 그리고 일본어를 익혔다. 또한 자원봉사 시스템을 이용해 이들과 시간을 보냈다.

아프리카 근무 후 중국의 부상을 예견하고 중국어를 배울 수 있는 대만을 선택했다. 중학교 때부터 신문을 가까이 하며 키워 온 것이 도움이 된 것 같다. 대만 이후 북경, 홍콩으로 이어졌다. 중화권에서 일컫는 해협 양안 3지(海峽兩岸三地)에 모두 근무해 본 것이다. 흔치 않은 경력이다.

2011년 3월 7일 공직에서의 마지막 근무지 도쿄에서 귀국했다. 그해 6월 말 정년퇴임 후 다음 해 초부터 대전국제교류센터 소장으로 근무하게 되었다. 처음에는 서울과 대전을 열차로 통근했다. 먼 거리를 기차로 다녀 몸이 힘들었던지 햄스트링 통증으로 꼬박 밤을 새운 적이 있다.

그 후 시골집을 고쳐 40년 만에 고향으로 내려왔지만 적응하는데 시간이 걸렸다. 나는 마을의 발전을 위해 힘을 보탰다. 동네로 바로 연결되는 진출입로가 개설되도록 하고 마을 표지석과 국기게양대 그리고 게시판도 세웠다. 또 구청장에게 편지를 써 주변의 마을길이 포장되고 운동기구가 설치되었다.

무한경쟁의 글로벌 노마드 시대, 도전과 열정이 답이다

신유목민 시대, 지구촌 유목민 시대이다. 글로벌 노마드, 디지털 노마드, 뉴노마드……. 계속 진화되고 있다. 프랑스 철학자 들뢰즈는 특정한 가치와 삶의 방식에 얽매이지 않고 끊임없이 새로움을 찾아다니는 인간형을 노마드라고 했다. 그리고 25년의 짧은 기간에 아시아, 유럽의 대부분 민족을 정복한 몽골의 징기스 칸이 노마드의 표상이라고 했다.

국적과 국경의 개념이 희미해져 누구든 어디라도 가서 오가며 사는 무한경쟁의 지구촌 시대다. 세계 인구의 6분의 1이 자기가 태어나지 않은 나라에서 살고 있다고 한다. 우리나라에는 세계 200여 개 나라에서 온 252만 명의 외국인들이 함께 살고 있다. Global Diaspora 시대이다.

외국문화와 우리 문화의 차이를 알고 개방성과 포용성을 가지고 뜨거운 가슴으로 받아들여야 한다. 서남아시아 또는 아프리카 사람들이 손으로 음식을 먹는다고 흉보면 보면 안 된다. 이제 우리나라 방방곡곡 어디를 가도 외국인이 없는 곳은 드문 풍경이다. 이들은 우리의 다정한 이웃 형제들이며 친구고 자산이다. 외국인들과 친구 맺기하며 소통하면 글로벌 문화가 몸에 배이는데 도움이 된다. 글로벌 경쟁력도 올라간다.

가끔 중고등학교를 찾아가 나의 글로벌 경험을 전수하는 기회를 갖곤 한다. 학생들에게 강조하는 것은 "주위에서 결혼이주자나 노동자 그리고 유학생 등 외국인을 만나면 먼저 미소 짓고 친절을 베풀라"이다. 또 일찍 외국어를 시작하여 해외 진출의 꿈을 키워나가 보라고 한다.

한국을 방문한 전 구글 CEO 에릭 슈미트는 "한국청년들은 무조건 여권을 만들어 해외로 나가야 한다"고 말했다. 무역의존도 90%가 넘는 우리나라로서는 제조업뿐만 아니라 자영업이나 농업 등 모든 분야가 글로벌 시장을 염두에 두고 골몰하며 출구전략을 짜야 한다.

몇 년 전 전라북도 고창의 모 중학교에 다녀와서 학생들에게 세계지도를 보내준 바 있다. 공부방 벽에 붙여 놓고 늘 지도를 보면서 지구상의 여러 나라와 친숙해지며 글로벌 진출 의지를 키워보라고 했다.

퇴임한지 2년이 지나 논산과 대전에 캠퍼스를 둔 건양대학교에서 만 4년 간 근무한 바 있다. 강의는 관광을 주로 하는 여가생활이었다. 내가 좋아하는 주제였다. 관광은 단일산업으로는 세계최대의 산업이다. 세계GDP의 11.6%를 차지하는 최고의 고용산업이다. 또 굴뚝 없는 무공해산업이며 통상 마찰도 없다. 나는 직접 체험한 해외의 지역문화와 역사 그리고 체험담을 들려주었다. 또 일주일간 신문의 국제면에 난 주요 이슈 그리고 핫(hot)한 트렌드를 준비하여 소통하는 시간을 가졌다. 대학은 공직사회와는 여러 가지 면에서 많이 달랐다. 좋은 경험을 했다.

요즈음 신입생들이 캠퍼스 스탬프 투어 프로그램으로 건양역사관을 찾아오고 있다. 중학교 시절부터 신문을 읽으며 뜻을 키워 외교관의 길을 걸어 왔던 이야기를 들려주곤 한다.

강의 외에 해외취업과 유학생유치 그리고 국제교류협력 업무도 맡았다. 현직에 있을 때 밟아보지 못했던 중동의 두바이까지 다니며 학생들의 해외 일자리를 구해 냈다.

해외취업을 지도한 바 있다. 대부분은 당장의 월급이 적다, 언어소통이 안 된다, 날씨 적응이 어려울 것 같다며 나가기부터 꺼린다. 어렵게 내보내도 쉽게 접고 짐을 싸 돌아온다. "무지개를 보려면, 비를 참고 견뎌야 한다" 돌리 파튼의 말이다. 뜨거운 열정을 식히지 말고 버티며 관찰하고 이겨내며 네트워크를 쌓으면 글로벌 비즈니

외국인 유학생체육대회 참가(대전)

스의 길이 보일 것이다. 나는 학생들에게 한국비지니스에서는 6개의 'ㄲ'이 필요하다고 소개했다. 꿈(비전), 끈(인연), 깡(끈질김), 꾀(전략), 끼(전술), 꼴(신용)이다.

해외취업은 국내취업이 안 되어 가는 곳으로 가볍게 생각하는 것보다 뚜렷한 목적의식을 가지고 미리 준비하면 좋다. 대학 1학년 때부터 동아리를 만들어 연구 공유하며 다양한 채널로 현지 정보를 수집하면 도움이 된다. 또 미리 현지 언어와 문화 등을 익혀나가고 3학년이나 4학년 때에는 현지 여행 또는 인턴십 기회를 만들어 나가보면 좋다. 국내에 나와 있는 외국 기업이나 대사관에서 인턴십을 해도 도움이 된다.

6년 전 싱가폴에서 열린 세계한인무역협회(OKTA) 행사에 참석하여 전 대우그룹 김우중 회장의 강연을 들을 기회가 있었다. 김 회장은 "우리 청년들이 해외 나가면 10년은 버텨보고 갈 길을 정해야 한다. 그간 하던 일을 계속하던지 아니면 던져버리고 현지에서 창업을 하던지…라고 말했다." 해외에 나가서 실패하는 것은 당연하다. 실패는 성공으로 가는 과정이다. 포기하지 않고 끝까지 도전하는 열정이 필요하다.

우리 청년들이 해외로 눈을 돌려 용기를 가지고 많이 도전해 보면 좋겠다. 코트라, 무역협회, 관광공사 등 공기업 그리고 현대차, 삼성, LG 등 기업들은 매년 방학기간 인턴십 프로그램을 시행하고 있다. KOICA는 매년 40여 개국에 해외봉사단을 파견하고 있다. 미국, 일본, 대만, 호주 등 여러 나라들이 워킹홀리데이 프로그램을 운영하고 있다. 그 외 세계한인무역협회(OKTA) 같은 한상조직을 이용하여 도전해 보아도 좋다.

하루 빨리 글로벌 노마드 시대를 막아 선 코로나 팬데믹의 어두운 날이 가버리고 환한 날이 오면 좋겠다. 외국의 젊은이들이 몰려와 우리 학생들과 어깨동무하고, 우리 청년들이 제 집 드나들 듯 해외를 오가며 외국어와 문화를 배우고, 인맥을 쌓으며 취업은 물론 창업도 하며 글로벌 비즈니스를 일구는 그 날이 오기를….

글로컬 시대, 지역의 국제화를 위하여

글로컬(Glocal)은 세계화를 뜻하는 Globalization과 지방화(현지화)의 localization의 합성어이다. 즉 그 지방(Local)의 의식이나 문화, 행동 양식을 국제적인 수준으로 발전시키기 위해 도시의 경제, 문화 활동을 한단계 업그레이드 시키는 것이다.

대전은 우리나라 제일의 연구 과학도시이다. 1980년대 조성된 대덕연구단지에는 45개의 정부출연 및 민간연구기관과 295개의 연구소 기업, 그리고 1천여 개의 기술기반 기업이 있다. 이러한 기반 환경을 활용한 다양하고 구체적인 사업을 적극 추진해 성과를 내면 좋을 것이다.

대덕연구단지의 연구기관과 카이스트 그리고 군 시설에는 연구원, 유학생 등 외국 인재들이 많이 와 있다. 또 대전 및 인근에는 20

여 개의 대학들이 있다. 여기에는 5천여 명의 유학생들이 와 있다. 대전시는 미국 시애틀, 중국 선양 등 30여 개 도시와 자매 또는 우호관계를 맺고 교류하고 있다. 글로컬 시대에 국제화를 추진하기 위한 인프라가 좋은 환경이라고 볼 수 있다.

또한 대전은 군사, 행정도시이다. 인근 계룡시에 3군 본부가 있다. 대전에도 군수사령부 등 관련 시설들이 포진해 있다. 정부 제3청사에는 관세청, 조달청, 통계청, 특허청, 문화재청 등 정부기관들이 많이 있다.

국토의 중심부에 위치한 대전과 세종 그리고 충남, 충북 등 4개의 지자체들은 광역생활권, 경제권을 만드는 '메가시티 충청'을 구축하기 위해 힘을 모으고 있다. 대선주자들도 한목소리를 낸 바 있다. 광역 도로와 철도망 구축이 추진되고 있다. 또 '2027 하계유니버시아드대회' 공동유치에 나섰다. 1993년 대전엑스포 이후 별다른 돌파구가 없이 정체하고 있는 대전에 좋은 기회다. 글로컬 시대에 지역의 국제화를 위하여 이루어지면 좋겠다. 지역의 지자체들이 뭔가 같이 해보려 의기투합하고 자주 얼굴을 맞대는 것은 좋은 일이다.

대전컨벤션센터가 완공되었다. 당초에는 규모가 조금 작다는 지적도 있었다. 대전 엑스포의 심볼 한빛탑과 기초과학원 그리고 국책, 민간 연구소들이 주변에 있다. 개점한 대전신세계 아트 사이언

스도 옆에 있다. 컨벤션센터가 충실하게 운영되어 지역경제 활성화는 물론 대전을 세계에 알리는 출발점이 되길 바란다. 2022년 10월에는 140여 개국에서 참가하는 UCLG(세계지방정부연합) 대전총회가 예정되어 있다. 지구촌에 대전을 소개하는 기회로 적극 활용해 보자.

고향 대전에는 애석하게도 이렇다 할 이름의 기업이 없다. 가까운 청주만 해도 SK, LG 등이 자리하고 있다. 대전도 대기업 유치의 기회가 있었으나 번번이 실패한 것 같다. 대선주자들이 첨단산업단지를 조성하고 대기업을 유치하겠다고 떠든다. 지금 있는 기업이 하나둘씩 가까운 세종시 등으로 옮겨가고 있다. 내가 사는 서구 기성동 평촌에 30만여 평 규모의 일반산업단지가 조성되고 있다. 분양가가 150만 원 선이어서 기업유치가 쉽지 않을 것이라는 전망이다.

큰 기업 유치만이 능사는 아니다. 넷플릭스에서 '오징어 게임'이 지구를 달구고 있다. 드라마에 나오는 미로(迷路) 같은 계단, 허공에서 하던 줄다리기, 골목길의 구슬치기 그리고 달고나 대결 등이 옛 엑스포공원에 있는 스튜디오 큐브에서 촬영된 것이다. 문화콘텐츠 시대이다. 대전을 영화, 드라마 등 촬영, 제작 그리고 관련 상품 등이 종합적으로 이뤄지는 문화,예술 허브로 만들어 보는 것도 좋을 것 같다.

또 지난 10월 21일 발사 되어 거의 성공한 누리호의 제작은 대전에서 이뤄졌다. 사람들이 발사된 외나로도라는 섬만 기억하는 것 같다. 대전의 브랜드 가치와 경쟁력을 높이기 위한 관민의 소통과 노력이 필요하다.

나는 대전시 유성구 테크노벨리에 있는 비전세미콘 사외이사로 다닌 적이 있다. 로봇카페시스템 사업을 론칭하여 국내에 10여 개의 직영점을 운영하고 있다. 인건비 절감과 비대면 서비스가 등 잇점이 있다. 금년 1월 미국 라스베가스 CES에 나가 코로나 팬데믹 시대에 부응한 바이러스 프리(Virus Free)테이블을 선보여 주목을 받았다. 30년 동안 반도체 장비분야 외길을 걷는 기능명장 출신의 윤

대전 대덕연구단지 모습

통섭 사장은 해외 진출을 추진하고 있다. 주 1회씩 다니며 본 테크노밸리의 모습이 좋았다. 주로 로봇, 바이오 등 첨단기술 기반의 기업들이 몰려있다. 유니폼 점퍼 차림으로 구내식당에서 점심 먹을 때도 즐거웠다. 가끔은 70년대 초 조국근대화의 산업전사로 회색 작업복을 입고 첫 직장 다니던 시절의 내 모습이 떠오르곤 했다. 칠순을 넘긴 나이에 행복했다.

최근 국회에서 고향세 제도 즉 '고향사랑 기부금에 관한 법률'이 제정되었다. 시행은 2023년 1월 1일부터다. 기부자가 고향이나 지방자치단체를 선택해 기부하면 정부가 세액을 공제해준다. 기부받은 지자체는 이에 대한 감사의 표시로 고향의 특산물 등으로 답례할 수 있게 한 것이다. 이 법의 시행으로 우선 인구감소와 고령화 등으로 지역 소멸위기에 몰린 지방의 회생을 기대해 볼 수 있다.

지방에서 길러진 인재들이 지방의 대학을 나와도 취업은 서울, 수도권으로 몰린다. 고향의 지자체들은 갈수록 재정이 나빠지고 출산, 양육, 교육 등 환경도 위기에 처해 경쟁력이 떨어진다. 지자체는 애향심을 갖고 자발적으로 기부를 하도록 독특한 매력을 발산해야 한다.

일본은 우리보다 이른 2008년부터 고향세를 도입 시행하고 있다. 문제도 많이 도출되고 있고 대도시에선 반대하지만 재정 부족으로 어렵던 지자체들은 활력을 얻게 된 것이다. 지역경제활성화와 제도 시행에 다른 일자리 창출 등도 기대해 본다.

충청권광역철도망 계획에 따라 내 고향 흑석리역이 부활된다. 수도권전철처럼 편리해질 것이다. 중 · 고등학교 다닐 때 통학하던 바로 그 역이다. 새벽과 저녁에 열차 타고 내려 산고개 넘으면 닿는다. 내 삶 글로벌 여정의 출발지이다.

중 · 고등학교 시절 열차 통학하던 흑석리역

나는 3년여 동안 대전국제교류센터를 운영한 경험을 가지고 있다. 설날이나 대보름 때는 외국인들을 집에 초청하여 쥐불놀이, 윷놀이, 제기차기 등 전통민속놀이와 음식 체험의 기회를 가졌다. 서울에 나와 있던 베트남대사관 외교관 부부와 건양대학교에 유학 중인 베트남 학생 8명이 집에 와서 1박 하며 농촌생활을 체험한 바 있다. 가슴을 열고 열정으로 이들을 대했다. 이럴 때마다 외양간에 차려진 글로벌 소품관 '명곡'은 외국인과 한국인이 교류하는 플랫폼 역할을 충실하게 해주고 있다.

대전에는 100여 개국에서 온 2만여 명의 외국인들이 이웃하고 있다. 중국, 베트남, 미국, 우즈베키스탄, 필리핀의 순이다. 중국인은 줄어들고 베트남인의 수는 늘고 있다. 결혼 등에 의한 이주민, 근로자, 전문직업인 그리고 유학생 등 다양하다. 이들은 본국을 왕래하며 다양한 분야의 교류 중개 역할을 하고 있다. 따뜻한 친절로 대전을 더 사랑하고 세계에 알리는 홍보대사가 되도록 충청의 인정을 베풀자. 이들은 대전을 세계에 알리는 VIP요, 중요한 자산이다.

베트남 유학생 유치를 위하여 북부의 하이퐁에서 남부의 호치민까지 1800여 킬로를 다니며 땀을 흘렸다. 한국어 과정을 마치고 학부에 들어가 곧 졸업하는 학생을 보면 보람을 느낀다. 베트남 학생들이 들어오니 그간 중국인 위주의 외국유학생 분위기가 바뀌어졌다.

중국 유학생을 늘리기 위해 처음으로 흑룡강성 하얼빈에 가서 한국어 웅변대회를 개최해 보며 열정을 다했다. 일단 유학생들이 입학하면 이들과 긴밀히 소통하는 것이 중요하다. 그들이 필요한 것을 찾아 지원해 주면 좋다. 특히 베트남 등 동남아시아 및 우즈베키스탄 등 CIS지역 학생들에게는 알바를 할 수 있는 환경을 만들어 주면 도움이 된다. 유학생들은 한국에 오기 전 현지에서 한국어 교육이나 입국수속 등에 적지 않은 돈을 써야 한다. 여유가 없는 가정에서는 빚을 내 쓰고 오니 공부하며 일해 수업료와 생활비를 충당하게 해 주면 학생으로서는 해피하다. 가깝게 지냈던 베트남 학생은 고기집, 횟집 등에서 알바하며 제법 돈을 모은 것으로 알고 있다.

평소 외국인들과 마주칠 때 친절한 미소와 함께 말 한마디씩 건네고 관심을 주며 호의를 베풀자. 돈 드는 것도 아니다. 이는 개인의 글로벌 네트워크이자 대전의 미래 자산이 될 것이다. 자연스레 시민들의 글로벌 수준에 어울리는 에티켓이나 매너의 품격이 몸에 배면 대전시의 국제경쟁력도 올라갈 것이다.

외국인들이 편하게 모여 교류하는 공간이 필요한 것 같다. 접근성이 좋은 대전역 앞 중앙시장이나 구도심의 적당한 곳에 외국 음식, 글로벌 카페, 특산품 등을 취급하며 체험하는 특화된 거리를 만들고 문화, 예술 공연과 전시를 할 수 있게 하면 좋을 것 같다. 민간단체 주도로 외국 커뮤니티와 충분히 소통하며 준비하면 지속 가능할 것이다.

글로벌 소품관 명곡을 찾아온 대학생들
(오른편 첫째, 곽진석 씨)

요즈음 공장과 농촌의 인력 사정이 말이 아니다. 코로나 팬데믹으로 더 나쁜 상황이다. 저출산대책은 수십조 퍼부어도 감감 무소식이다. 인구가 줄어드는 전국 지자체의 수는 89개에 달한다. 그러나 다문화 인구는 5년 새 10.6% 늘었다. 주변의 외국인을 최대한 활용하기 위해서는 세심한 노력이 필요하다. 어느 지자체는 TV뉴스 자막에 중국어, 베트남어를 넣어주고 있다. 또 쓰레기 분리수거 방법을 태국어로도 표기하며 배려해주고 있다. 전북 무주 설천에는 필리핀 여성이 마을 이장 일을 보고 있는 곳이 생겼다. 폐교 위기를 맞은 경북 의성 춘산초등학교는 전교생이 다문화 자녀이다. 이들이 폐교 직전의 학교를 구한 것이다. 베트남, 캄보디아어로도 수업을

베트남 하노이에서 금산인삼제품을 판매하고 있는 손보탄 사장
(충남대학교 유학, 맨 왼쪽)

진행하며 적극 대응하고 있다.

우리보다 고령화가 빠른 일본은 일손 부족이 심각한 농업이나 요양, 산업기계 제조 등 14개 업종에 대해 2019년부터 '특정기능' 비자 제도를 실시하고 있다. 2022년부터는 비자를 계속 갱신하며 가족도 초청해 영주를 허용할 것이라고 한다.

우리나라는 이제부터 이민을 받아들이는 방안을 연구하고 준비를 해야 하는 시점이 아닌가 생각된다.

지자체에서 외국인, 유학생들을 대상으로 한 다양한 프로그램을 만들어 지속적으로 교류할 수 있게 하면 도움이 될 것이다. 부산,

인천 등은 국제교류재단을 두어 교류와 지원의 규모를 키워나가고 있다. 일본 히로시마시는 마쯔다 자동차 지원으로 국제협력센터를 운영하며 자원봉사자를 통한 일본어교육과 다양한 문화체험 사업을 하고 있다. 대전도 지역을 대표하는 기업이 나서서 멋진 국제교류센터를 만들어 공동으로 운영하면 어떨까.

지자체에서 해외에 나가 살고 있는 재외동포들을 잘 활용해도 도움이 된다. 충청출신 동포들은 '세계충청향우회'라는 조직으로 친목을 도모하며 대전, 세종, 충남, 충북의 국제교류 활동을 돕고 있다. 상생하는 프로그램을 개발해 추진해 나가면 좋을 것이다.

매년 세계한인회장대회, 세계한상대회, 세계한인경제인대회 등이 개최된다. 2021년 제19차 세계한상대회는 대전시에서 유치하여 10월에 예정되었으나 대전시에서 반납해 서울에서 열렸다. 코로나 상황이지만 45개국에서 2천여 명이 온 · 오프라인으로 참가 성공적으로 개최되었다고 한다. 대전시의 이유가 있겠지만 오랜만에 고향에서 열리게 되어 큰 기대를 했는데 아쉬웠다.

지역의 국제화를 위해 소일하고 있다. 대전시 거주 외국인지원 자문위원과 외국인투자유치자문관, 대전시 서구청 옴부즈맨 그리고 충청남도의 지역경제외교자문위원 등이다. 그리고 대전 테크노벨리에 있는 Vision Semicon 주식회사의 사외이사로 글로벌 마케팅을 지원하고 있다. 퇴임 직후에는 지방법원의 민사, 가사조정위원, 신문사 독자위원, 시민기자로 활동한 바 있다. 국제교류센터 운영 경험을 바탕으로 다문화협동조합도 만들었다. 또한 일본 도쿄 근무 시 항공노선 취항과 자매도시 업무로 인연이 되었던 이바라기현과 도치기현 닛꼬시의 관광홍보대사로 위촉된 바 있다.

750만 한민족네트워크는 소중한 자산이다

내가 재외동포를 처음 만난 것은 1994년 북경에 부임해서다. 낯선 나라에 처음 가서 말도 잘 안 통하고 지리를 모르니 집안일을 하는 가정부와 승용차 운전수 한 명씩을 두는 것이 관례였다. 그들은 중국 동북3성의 길림성 연변조선족자치주에서 온 조선족이다. 국적은 중국이다. 사무실에도 행정이나 비자 업무를 보조하는 조선족 직원들이 많았었다. 수교 이후 동북 3성의 조선족들이 산해관(山海關)을 넘어 따뜻한 남쪽으로 샤하이(下海, 사업, 돈벌이에 뛰어드는 것)한 것이다.

조선족은 중국 55개 소수민족의 하나로 그 수는 13번째로 많다. 이들은 1945년 이전 간도(間島)를 비롯한 만주지역으로 이주한 한민족 집단 그리고 그 후손들이다. 조선족 동포들은 주로 길림성, 흑룡강성, 요녕성 등 동북3성과 북경, 천진, 상해, 청도, 광주 등 대도시에 거주하고 있다. 장춘, 심양 등 주요 도시에는 조선족 학교와 방송국, 신문사 등이 있다. 이들 기관은 중국에 조선어를 보급하고 있다.

1994년 당시 중국의 동북3성에는 대략 192만 명의 조선족이 있었다. 1979년 등소평의 개혁개방과 1992년 한중수교 이후 우리 기업들의 중국진출이 시작되자 양국의 언어와 문화를 잘 아는 조선족들은 일자리를 찾아 북경, 상해, 청도 등 도시로 남하하였다. 또 친척 방문이나 취업으로 조선족들의 대대적인 코리안드림 러시도 이뤄졌다. 연변자치주는 조선족학생들이 줄어들어 학교의 공동화 현상이 심각하다고 한다. 1953년 연변조선족자치주의 조선족 비중은 70%에 달했으나 2020년에는 30%선으로 줄었다. 일부는 가짜 결혼이나 가짜 호적 그리고 밀입국 등 수단과 방법을 가리지 않고 한국으로 가려고 해 눈 코 뜰새없이 바쁘게 보냈다.

북경에 사는 동안 공무원이나 대학교수 그리고 사업가 등 다양한 조선족을 만날 기회가 많았다. 이들의 민족정체성은 한국이었다. 당시 대부분의 조선족들은 한국을 '조선'이라고 불렀다. 이들의 생활상과 가족관계, 음식 그리고 술 마시고 춤추며 여흥을 즐기는 모습들은 우리의 옛 생활과 엇비슷했다. 그러나 이들의 국가 정체성은 한국이 아닌 중국이었다. 이들이 말하는 '우리나라'는 중국이다. 국내에서 오래 거주하고 있는 조선족동포는 말한다.

"중국 조선족은 연변의 특산물인 '사과배'와 같다."

그는 또 "중국은 국무원화교판공실을 두고 해외화교업무를 다루고 있으나 한국은 없다"고 말한다.

지금 한국에 와 있는 중국 동포들은 70만여 명(한족은 30만여 명)에 달한다. 이들은 우리와 역사와 문화를 공유하고 있는 한 핏줄로서 한중관계의 증진과 우리 경제의 발전에 기여한 바 크다. 주변에서 만나는 동포들에게 호의를 베풀며 상생하자.

러시아 연해주는 고조선때 부터 한민족의 역사와 삶을 함께했던 땅이다. 1863년 함경도 농민 13가구가 이주하면서 시작되어 1905년 을사늑약 체결 전후 수많은 애국지사들이 망명하여 항일운동의 중심지가 되었다. 안중근의사가 이토히로부미를 저격하는 계획을 세운 곳도 연해주이다. 고려인들은 1937년 9월 9일 우수리스크 라즈돌노예 역을 출발 6천 Km 떨어진 우슈토베(우즈베키스탄) 등지의 척박한 땅에 총 17만 명이 강제 이주되었다. 봉오동, 청산리전투를 이끈 독립운동가 홍범도 장군도 카자흐스탄으로 강제 이주당한 고려인이었다. 스탈린은 왜 고려인을 강제 이주시키라고 했을까? 중·일전쟁이 닥치자 '일본이 연해주로 쳐들어올 수 있는 상황에서 고려인이 일본의 첩자가 될 수 있다'며 의심했다고 한다.

나는 연해주 방문시 중앙아시아로 강제이주 후 연해주로 귀환한

러시아 연해주 우수리스크에서 만난 고려인

고려인들을 만나 당시의 애환을 들을 기회를 가졌다. 우수리스크에서 치과병원을 경영하고 있는 중국동포 안위남 사장이 도와주었다. 80세 후반의 고려인(여)은 "시커먼 밤중에 벌판에 내버려저 손으로 땅굴을 파 추위를 피하는 고생을 했다. 베개 속에 볍씨를 감춰가 거친 땅을 일궈 벼를 심었다. 벼농사를 지어도 다 빼앗아 가버려 이삭을 주워 연명했다"며 눈물섞인 목소리로 말했다. 그는 이어서 말했다. "몇 년 전에 한국 남자에게 2천 달러를 주었는데 깜깜소식이다. 어떻게 받아줄 수 없느냐?" 아이구! 연해주까지 와서 고려인에게 사기를 치는….

나는 80여 년 전 강제이주 당시 고려인들의 고생하는 모습을 상

상해 보며 블라디보스톡 역에서 하바로프스크 역까지의 야간열차 승차 체험도 해보았다. 우수리스크에는 2004년 한인이주 140주년을 기해 만든 고려인역사박물관이 있다. 꼭 가 볼 곳이다.

연해주 방문 때 만났던 강 니콜라이 어르신의 안부가 궁금해서인지 빨리 또 가보고 싶다. 지금 역사관을 맡아 일을 하고 있어 그런지 고려인들의 역사와 삶에 더 애정이 간다.

최근 모 신문에 "여공에서 6천억 자산가로…." 타이틀의 기사를 보았다. 켈리 최(53) 이야기다. 2010년 스시 요리로 출발한 '켈리델리'는 유럽, 남미 12개국 1200개 매장에서 연 5400억 원의 매출을 올리고 있다. 야간고를 마치고 무작정 일본, 프랑스로 가 사업을 하다 10억 원의 빚을 지는 실패의 쓴맛을 보았다. 그러나 프랑스에서 '까르푸'에 스시를 입점하며 성공의 물살을 타는 단맛을 보았다. 실패했던 사업에서 교훈을 얻고 성공한 1천 명의 사례를 분석하며 노력했다고 한다.

라오스 코라오 그룹(오세영), 베트남 K-Mart(고상구), 인도네시아의 코린도 그룹(승은호), 일본 마루한 그룹(한창우), 오스트리아 영산 그룹(박종범) 등. 5대양 6대주 지구촌 곳곳에서 '아~대한민국'의 깃발을 날리고 있는 사업가들이 많이 있다. 이들이 성공하기까지에는 각고의 노력이 있었을 것이다. 국내에 안주하지 말고 해외에 나가 도전하고 실패를 경험하며 열정을 다하면 글로벌 시장의

한인 IT 기업가 정태식 사장, 재일동포 모리야마 쇼지(도쿄)

최후 승리자가 될 것이다.

재외동포들은 현지 언어를 구사하고 문화를 알고 있으며 풍부한 인맥을 이용하여 모국과의 무역이나 투자유치 그리고 지자체, NGO 등의 교류에 도움을 주고 있다. 그리고 한국문화 예술을 소개 홍보하며 한류의 확산 지속에도 기여하고 있다.

퇴임 후 외교부 산하의 재외동포재단 감사를 맡았었다. 그 인연으로 매년 세계한상대회와 세계한인무역협회 경제인대회 그리고 세계한인회장대회에 참석하며 세계 각국의 한인사회 리더들과 네트워크를 구축하고 있다. 재외동포의 수는 세계 5대양 6대주 180여 개국에 750만 명이다. 그중 268만 명이 한국여권을 가지고 있다. 18세 이상 250만 명은 재외국민투표를 할 수 있다. 아직 투표 참가율은 10% 선이다.

재외동포는 해외교민, 해외동포, 해외한인 등…, 그리고 나라, 지역에 따라 호칭이 다르다. 중국동포(조선족), 고려인(러시아, CIS) 그리고 재일동포, 재미동포 등…. 그러나 재외동포 또는 재외국민으로 통칭한다. 이들은 모국에서 태풍피해 등 대형재난이 있거나 독립기념관 건립, 올림픽, 월드컵 등 큰 행사 때마다 성금을 걷어 보내며 애국심을 발휘해왔다.

재외동포들은 민족적 유대감을 유지하면서 거주국에서 그 사회의 모범적인 구성원으로 살아가는데 이바지하고 있다. 현지 사회에 잘 적응하여 성공한 기업가, 정치인도 있고, 교육자, 변호사 등 전문직으로 성장한 경우도 많이 있다. 미국의 경우 정계, 법조계, 교육계 등 다양한 분야에 한인들이 진출하고 있다. 아직 연방상원의원은 없으나 2명의 주 상원의원과 14명의 주 하원의원이 있다. 일부 한인 정계인사들은 '도산 안창호의 날'과 입양아 보호 법안 등 제정에 앞장서고 있다.

왼쪽부터 남영희 사장, 배웅식 회장, 홍수환 체육인(자카르타)

해외에 있을 때 특히 동포 2-3세들이 한국어 구사와 한국문화에 대한 이해 부족으로 정체성에 어려움을 겪고 있는 케이스를 많이 보았다. 뉴커머 한인들과 상생하며 서로 도와나가면 좋을 것 같다. 재외동포들이 모국을 드나들 때 체류하며 다목적으로 활동할 수 있는 공간이 필요하다. 재외동포교육문화센터를 마련하기 위해 추진되고 있다니 다행이다. 기대해 본다. 가끔 정치의 계절에 나왔다가 사라지곤 하는 '재외동포청' 같은 조직도 필요하다고 본다.

재외동포들은 현지에 한인회(일본의 경우 민단), 상공회, 부인회, 청년회 등 다양한 조직을 만들어 활동하고 있다. 또 향우회(일본은 도민회)나 ROTC 동우회 같은 모임도 있다. 해외 나가는 기회에 '짬'을 내서 동포사회를 찾아 교류하며 이해의 폭을 넓혀보자. 우리의 국력이 커감을 피부로 느낄 것이다.

750만 재외동포는 한민족의 귀중한 자산이다.

세상은 넓고 갈 곳도 많다

나는 어려서부터 밖으로 쏘다니는 것을 좋아했다. 어머니 따라서 멀지 않은 곳에 있는 외가집에 그리고 대전 시내에 사시던 큰집, 작은집에 자주 갔다. 누나와 외삼촌은 서울에 살아서 여행처럼 즐기며 다녔다.

해외 근무할 때 살고 있는 나라는 물론이고 옆 나라까지 둘러보는 기회를 가졌다. 현지인과 같이 다니며 언어와 풍속 문화의 이해도를 넓혔다. 브하그완 S.라즈니쉬는 '여행은 최소한 세 가지의 유익함을 줄 것이다'라고 말했다. 첫째는 세상에 대한 지식이고 다음은 집에 대한 애정이다. 그리고 자신에 대한 발견이다. 여행은 자산의 부족함을 채워주고, 가족의 중요성을 일깨워준다.

여행은 고생이다. 집 떠나면 고생이라는 말도 있다. Travel은 프랑스어로 고생, 노동, 고통의 의미인 Travail에서 나왔다. 중세에 성지순례를 가려면 고난한 여정이었다. 그 후 십자군원정, 신대륙발견 그리고 산업혁명을 거치며 발전되어 왔다.

세계 최초의 투어리스트는 르네상스 휴머니즘의 아버지로 불리는 프란체스코 페트라르카이다. 일이 아닌 여행의 즐거움 자체를 목적으로 처음 유럽을 둘러 보았다. 최초의 산악인이기도 하다. 그는 1336년 프랑스 아비뇽 몽방투(1912m)에 올랐다. 산을 오른 유일한 이유는 '높은데 오르면 뭐가 보이는지 궁금했다'는 것이었다.

여행은 일상이다. 또 일상은 여행이다. 출퇴근하며 스치는 농촌 모습들을 보는 것도 여행이다. 특별히 문화유적지나 명승지에 가지 않아도 매일 눈 떠 보고 움직이고 먹는 것 모두 일상의 삶이 여행이다. 기차역이나 버스터미널, 전통시장, 백화점, 대학, 그 지역의 특산물, 전통음식도 관광자원이다. 사람들의 기질이나 지방의 풍속, 예절 그리고 종교, 사상, 판소리 등은 무형관광자원이다.

나홀로 여행하는 것도 좋아한다. 가끔은 배낭에 물 한 병 넣고 시외버스터미널에 가 마음에 끌리는 곳으로 향한다. 시골 장날 풍경을 둘러보고 국밥 한 그릇 먹고 오기도 한다. 전국의 지방자치단체 중 아직 가보지 않은 곳이 여러 곳이다. 군위, 성주, 청송, 영양, 의령, 창녕, 함안, 고령, 화순, 순창, 함평, 양구, 인제……, 그곳에 가보고 싶다.

혼자서 여행하는 동안에는 자신에게 더 귀를 기울일 수 있다. 성

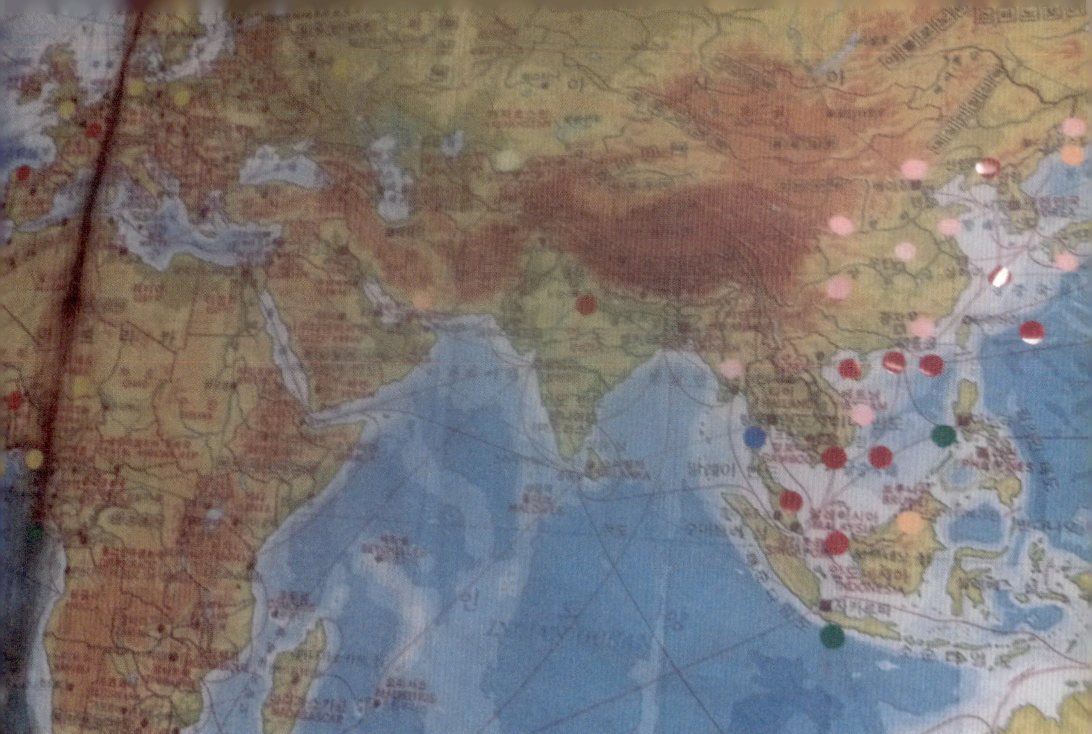

시골집 벽에 걸어 놓은 세계지도
(스티커를 붙여놓은 곳은 직접 방문했던 곳)

찰 해보고 자신의 새로운 성향도 발견하고 잠재력을 계발할 수 있다. 차창을 스칠 때 순간적으로 떠오르는 후레시한 아이디어는 바로 메모장에 적는다.

특히 해외에 살 때는 지역이나 국가 그리고 지방의 지리 개념을 이해하기 위해 다양한 지도를 끼고 산다. 첫 출발지 뉴욕에서부터 시작된 벽에 대형지도 붙여 놓는 습관은 이어지고 있다. 집에 들어가면 가장 먼저 안방 황토벽에 큰 세계전도가 맞아준다. 50여 곳 이상의 도시에는 10원짜리 크기의 빨강, 파랑 색종이 마크가 붙여있다. 코로나 팬데믹 이후 늘어나지 않고 있다. 지구촌은 넓다. 가보고 싶은 곳도 많다.

지도는 여행의 출발점이다. 먼저 지도를 훑어보며 감을 익히면 여행에 도움이 된다. 스마트폰에 다 나오지만 지역에서의 위치나 거리 감각 등 이해에 더 좋다. 지금까지 수집한 지도만 해도 상당하다. 글로벌 소품관 '명곡'에 꽂혀있다. 전시 장소가 넓어지면 따로 전시해 볼 참이다.

처음 가는 나라에 가면 먼저 박물관에 가서 그 나라와 지역의 역사를 이해한다. 그리고 서민들의 삶이 녹아있는 재래시장에 가본다. 여행의 주요한 일정과 특이사항은 메모해 남긴다. 저녁에는 현지에서 생산된 맥주와 토속 음식을 맛보며 서민문화를 접해본다.

나는 특히 국경을 넘는 여행을 좋아했다. 이것도 하나의 도전이다. 아프리카 부르키나파소에서는 자동차로 니제르, 가나, 코트디브와르는 열차와 자동차로 국경을 넘는 여행을 해 보았다. 뉴욕에서는 자동차로 그리고 그레이하운드 버스로 캐나다에 다녀 온 적이 있다. 국경을 넘을 때의 출입국 수속은 나라마다 달라 흥미로운 면도 많다. 지방여행 시에는 안전을 위해서 현지인과 함께 간다.

가장 기억에 남고 또 가보고 싶은 곳은 인도다. 소와 염소 떼들은

인도여행 중 만난 아이들, 건양대학교 한국어센터 조병오 선생님(위 오른쪽)

시내 골목을 어슬렁대며 쓰레기를 뒤진다. 비닐도 먹어 치운다. 이른 아침 갠지스강이 있는 바라나시로 향하는 철로 주변은 공중화장실을 방불케한다. 인도인들은 히말리아의 강고토리 빙하에서 발원하는 갠지스강을 성스러운 강으로 여긴다. 며칠 걸려 와서 목욕하고 마신다. 또 거기에 시체를 태워 뿌린다. 하늘에 있던 갠지스강이 시바신(힌두교의 신)의 몸을 타고 땅으로 흘러내렸다고 믿는다. 2주 동안 수염 안 깎고 인도 북부를 여행하고 돌아오니 흰 턱수염이 긴 내 모습은 꼭 모디 인도 수상과 비슷했다.

늙지 않는 비결에 세 가지가 있다고 들었다. 여행과 사랑 그리고 공부이다. 여행에 방점이 먼저 간다. 코로나 팬데믹 이후 세계 각지를 다니는 TV 프로그램이 많이 나오며 유혹하고 있다. 두 다리 튼튼할 때 안 가본 땅 밟으며 스치는 사람들과 정을 나눠야겠다.

해외근무하며 인연이 된 네트워크는 여행에 도움과 재미를 더해준다. 나는 대만, 북경, 홍콩의 중화권과 일본의 히로시마와 도쿄 등 가까운 나라에 주재한 바 있어 가까운 곳에 친구들이 많이 있어 좋다. 가끔 소식 전하며 만나 시간을 보낼 수 있어 다행이다. 그리고 베트남의 하노이-다낭-호치민에도 언제 연락해도 뛰어 나올 지인들이 있다.

해외 나가면 더 마음이 놓이고 편하게 느껴지고 나르는 기분이다. 후덕지근한 날씨 견디며 재래 시장에 가 사람 사는 냄새 물씬한 냄새 맡으며 휘젓고 현지인과 손짓, 필담으로 소통하며 웃고 시시덕거리는 것도 훌륭한 여행거리다. 꼭 세계문화유산 같은 유명한 문화 유적을 보아야 가치있는 여행이 되는 것은 아니다.

요즈음 나에게는 매일이 해외여행이다. 세계여행 테마의 프로그램이 연일 쏟아진다. 얼마 전에는 EBS의 세계테마기행 프로그램에 네팔의 여기저기 명소와 전통결혼식 장면 등이 다양하게 소개되었

유럽 여행 중 만난 체코인들과 함께

다. 이어서 베트남 하장성의 소수민족 자오참족의 생활과 축제문화가 나왔다. 일반 여행자는 접근하기 어려운 오지마을, 축제, 결혼식 같은 장면을 현지의 역사, 문화, 지리 전문가가 나와 소개하니 더 실감있고 흥미롭다.

코로나가 끝난 후의 해외여행에 대비하여 적금을 들어 쌓아 나가고 있다. 첫 번째가 될 행선지는 아직 안 가본 오세아니아 대륙이다. 마음 같아서는 시드니에서 인디안 퍼시픽 열차를 타고 4천여 Km의 호주대륙을 횡단하여 서부의 퍼스(Perth)까지 가보고 싶다. 그런 다음 남미로 날아가 아르헨티나, 파라과이, 칠레, 페루를 보고서 코스타리카, 쿠바를 거쳐 '글로벌 로드'의 출발지였던 뉴욕까지다.

또 태국 제2의 도시 북부 치앙마이에서 버스로 4시간 간다는 빠이(pai). 태국인들이 태국에서 가장 아름다운 마을로 꼽는 곳이라 마음이 간다. 현지예술가들이 직접 만든 가게와 유기농 음식점들이 즐비하다고 한다.

여행의 패턴도 바뀌어 간다. 그간 여행은 주로 주말이나 휴가를 이용해 갔다. 그러나 어디서나 Zoom 같은 기술로 일하고, 언제든 갈 수 있으며 또 더 오래 머물 수 있게 된 것이다. 일종의 여행 혁명이다. 숙박공유 기업 에어비엔비의 'Go near' 전략이 먹혀들어가고 있다.

가족들과 함께 괌 여행

독일어로 여행을 뜻하는 말은 Reise다. 몸을 일으키다. 길을 떠나다의 의미로 새로운 곳을 향해 길을 떠나는 출발의 뜻이다. 100세 건강인생시대에 앞으로 새로운 30년을 걸어야 한다.

"세계는 한 권의 책이다. 여행하지 않는 사람들은 그 책의 한 페이지만 읽는 것과 같다" – 아우구스티누스–

5천만의 해외안전여행 지킴이 '외교부 영사콜센터'

2002년 한일월드컵대회 때 일본 히로시마(廣島)에 주재하다가 2004년 말 급히 귀국해 우리 국민의 해외여행 안전을 위한 24시간 콜센터를 준비했다. 세계유일 IPCC 방식이었다. 2005년 4월 1일 당시 반기문 장관님을 모시고 개소했다. 나는 초대 영사콜센터 소장으로 임명되었다. 영사콜센터는 해외여행의 동반자로 자라나 계속 국민들의 사랑을 받고 있다. 보람을 느끼고 있다.

영사콜센터는 그 해 7월 런던 테러, 8월 미국 남동부를 강타한 초대형 허리케인 카트리나 등 해외에서의 대형 재난과 사고 때 우리 국민의 안전과 신원을 신속히 파악하여 제공했다. 20여 명의 상담사들은 좁은 환경에서 제대로 쉬지도 못하고 고생을 많이 했다.

해외여행은 안전이 제일이다. 미리 현지의 안전 정보를 잘 알아보고 꼼꼼히 계획을 세워야 한다. 먼저 외교부 해외안전여행홈페이지(http://0404.go.kr)를 통해 여행국의 치안상황 등 안전 및 입국관

외교통상부 영사콜센터 개소식(2005.4.1)

련 정보와 여행경보 등을 정확히 파악해야 한다.

또 여행지에서는 그 나라의 문화적 관습에 맞게 행동해야 한다. 그 나라에서 주의하고 지켜야 할 것이 무엇인가는 알고 가는 것이 좋다. 또 유난히 친절을 베풀며 접근하는 사람은 조심해야 한다. 특히 음료수 등을 주면서 접근하면 더 주의해야 한다.

영사콜센터는 2018년 5월 확대 개편된 해외안전지킴센터 안에서 국민의 해외여행안전을 위해 24시간 가동되고 있다. 긴급 사건사고 접수와 해외여행 중 긴급 상황 시 7개 외국어 통역서비스, 신속해외

당시 외교부 반기문 장관님께 영사콜센터 설립 현황 보고 장면

송금 서비스 등을 도와주고 있다. 또한 해외 도착 시 국가별 맞춤형 안전정보 문자 메시지, 무료 전화 앱 그리고 카카오톡, 위챗, 라인 상담 등의 서비스도 제공하고 있다. 〈외교부 영사콜센터: 국내 02-3210-0404, 해외 +82-2-3210-0404〉

가끔 서울에 가면 영사콜센터를 찾아 변화된 모습을 본다. 그리고 직원들과 밤을 새며 동고동락했던 시절을 생각해 보곤 한다.

수년 연속 정부기관 콜센터 중 우수콜센터로 선정되었다. 또 국내 행정기관이나 외국에서도 벤치마킹의 대상이 되었다.

나는 2007년 9월 신라호텔에서 거행된 제18회 고운문화상(수원

제18회 고운문화상 수상 후 김호영 외교부차관님, 가족, 영사콜센터 직원들과 함께

대학재단) 창의부문에서 수상했다. 1천만 원의 상금도 받았다. 공직생활 중 민간으로부터 처음 상을 받게 되었다. 영광이었다. 고생해 준 상담사분들께 다시 한번 감사를 드린다.

해외에 나가 90일 이상 체류 시에는 도착 90일 이내에 현지 공관에 재외국민등록신고를 해야 한다. 일반 여행자의 경우 해외안전여행 어플을 통해 여행등록을 하면 현지정보 등을 제공받을 수 있다. 해외여행 시 여권은 생명줄이다. 여권분실에 대비하여 여권 사본과 사진을 별도 준비하고 현지 공관이나 주요 연락처 등은 메모해 가는 게 유사시 도움이 된다. 소 잃고 외양간 고치지 말자.

제3부

100세 건강인생시대를 살아가는 지혜

40년 만에 어린 시절의 마을 고향으로 돌아오니 대전으로 가는 큰 도로가 뚫린 것 빼고는 그대로다. 북적댔던 마을 안길은 조용하기만 하다. 사랑채 외양간과 아궁이를 조금 손보고 글로벌 소품관 '명곡'을 오픈한지 10년째다. 공직에서 '정부미' 타먹다가 '일반미' 사먹으며 첫 일자리였던 대전국제교류센터를 운영할 때는 외국인들의 발걸음이 제법 잦았었다.

그 후 건양대학교로 이어졌다. 학생 해외 취업과 유학생 유치를 위해 전세계를 무대로 연출된 제2의 인생무대는 보람이 있었다. 대학에서 4년 간 봉직하다 나와 놀지 않고 고객서비스 관련일을 했다. 지금은 건양교육재단 역사관에서 근무하고 있다. 공부하고 논밭 가꾸는 '쓰리잡' 인생이다. 일하면 잡념이 사라진다. 성취와 자기성장의 기쁨도 준다. 또 건강에 도움이 될 것이다. 연금이 매달 입금되는지는 잊고 산다.

쉬지 않고 활동할 수 있게 된 것은 그간의 인맥과 긍정적인 마인드가 도움이 되었다. 그리고 10여 년간 100여 회 넘는 언론 기고와 보도기사도 작용했다. 퇴직 후 삶은 항상 몸을 최대한 낮추며 지내는 것이 무엇보다 중요하다. 또 속도를 낼 필요도 없다. 이제까지보다 천천히 여유를 가지고 가야겠다.

이번 학기에 건양사이버대학교 보건의료복지학과 3학년에 편입했다. '사회복지의 대상'이니 조금이라도 알아야 할 것 같아서다. 그러다 보면 다른 기회도 보일 것이다.

멋진 건물을 마련해 볼 마음이다. 세계 가면(마스크) 민속전시실과 커뮤니티 도서실, 역사관, 글로벌 카페를 만드는 중장기 프로젝트다. 지구촌 사람들과 교류하며 100세 건강인생시대의 모범운전자로 살고 싶다.

제3부는 은퇴 후 괜찮게 그리고 열심히 살아가는 '지금'의 스토리다.

'롤 모델' 명곡 김희수 의학박사님

올해 95세의 김희수 박사님은 내 인생의 롤 모델이다. 그는 나이 70세이던 1998년에 IMF 금융위기를 맞았다. 그러나 어려움을 이겨내고 병원 건설공사를 마무리 짓고 2000년 초 건양대병원을 개원했다. 나는 작년에 70세(古稀)를 넘겼다. 공직생활하며 평범하게 살아 온 인생이다. 앞으로 20년은 더 도전하는 삶을 살고 싶다. 우리 세대의 롤 모델 명곡 김희수 의학박사님의 과거와 현재를 짚어본다.

건양교육재단은 1979년 당시 서울 영등포에서 김안과를 운영하던 김희수 박사가 세웠다. 당시 고향 논산시 양촌면 남산리 생가에서 멀지 않은 곳에 재정이 어려운 인수중학교가 있었다. 빚을 갚고 땅을 사 교사를 짓고 출발한 건양중·고등학교가 출발점이다. 가족들은 반대했다고 한다. 김안과는 미국식 의료기술과 마케팅 그리고

365일 진료 명성으로 전국에서 환자들이 넘쳐났다고 한다. 아예 병원 위층에 살면서 24시간 진료서비스를 한 셈이다. 동아시아 최대의 안과 종합병원으로 성장했다. 올해 창립 60주년이다. 김안과는 건양교육재단의 재정 파이프 라인 역할을 해왔다.

고향에서 교육사업을 시작한 것은 애향심과 인재를 키워 봉사한다는 신념뿐이었다. 이어 주민들의 간청으로 1991년에는 논산에 건양대학교도 세웠다. 주위에서는 대전도 아니고 시골 논산에 대학을 세워 운영이 되겠냐며 반대하는 목소리가 컸다고 한다. 그러나 지역인재를 양성해야겠다는 사명감으로 밀어 부쳤다. 이러한 교육사업은 논산시 승격(1996년) 등 지역사회 발전에 기여가 컸다. 그 후 1994년 의과대학을 인가받았고, 2000년에는 대학병원을 건립했다. 또 2012년에는 건양사이버대학교를 2017년에는 부속 유치원을 각각 설립했다. 대단한 결단력과 추진력을 가지셨다. 2021년에는 제2병원을 완공시켜 1,300 병상 규모의 병원으로 발전하였다.

위와 같이 무에서 유를 이룬 바탕에는 나름대로의 철학과 지켜온 원칙이 있다. 여러 가지 있지만 4가지만 소개한다. 우선 정직이다. 우선 사람이 되어야 한다며 인성(人性)을 강조한다. 다음은 '적자생존', '적는 자가 살아남는다'며 항상 주머니에 작은 수첩을 가지고 다니며 적는다. 세 번째는 "발이 정답이다. 현장에서 답을 찾자"며 새벽 3시부터 병원을 돌며 소통했다. 끝으로 "현재(present)가

김희수 건양교육재단설립자겸 건양대학교
명예총장님 내외분

선물(present)이다. 선물을 놓치고 후회하지 말자"다. 옳다고 생각되면 즉시 행동에 옮긴다.

대전 관저동 건양대학교병원 뒤에 건양교육재단 건양역사관이 2021년 3월 문을 열었다. 설립자의 생애와 교육철학 그리고 발전과정이 잘 전시되어 있다. 교직원, 학생은 물론 인근 주민들도 찾아오고 있다.

구순이 훌쩍 넘은 나이지만 아직 팔팔하시다. 지금도 서예, 수채화, 스케치, 색소폰, 오카리나, 장구 등 매일 매일의 학습이 다르다. 평생 자기계발을 해나간다. 주1회 골프도 빼놓지 않는다. 보석 오팔(Opal)에 버금가는 활기찬 노년 오팔(OPAL, Old People with

Active Live)이시다. 대단한 것은 1956년 28세의 나이에 아내와 딸을 두고 미국 유학을 선택한 것이다. 당시 서울에 안과병원을 개업해도 돈을 벌 수 있었는데 선진기술을 배우고자 하는 열정으로 미국으로 건너갔다. 인천에서 배를 타고 15일 걸려 롱비치 항에 도착, 뉴욕으로 가 세인트 후란시스 병원에서 시체 부검하며 고된 인턴 생활을 해야만 했다. 당시 월 100달러를 받아 반은 집으로 부쳤다고 한다. 글로벌 로드를 걸어온 내가 가장 존경하는 부분이다. 사모님은 딸을 키우며 미용 기술을 배워 미장원을 열고 생활비를 벌었다. 100세 건강인생시대를 살아가는 우리 세대의 멘토이다.

"양촌에 큰 바위 얼굴", "논산에 등소평", "작은 거인", "의료계의 거성", "빵 총장"(시험 때 도서관을 돌며 빵을 나누어줌), "총장 오빠", "꽁초 줍는 총장" "비타민 P(power)가 있는 사람" 등, 모두 올해 95세 김희수 명예총장님의 별칭이다.

건양교육재단 건양역사관(대전 서구 관저동, 건양대학교 병원 내)

효자가 된 글로벌 소품관 '명곡(明谷)'

2012년 80년 넘은 시골집을 수리할 때 천정을 뜯으니 어린 시절 봤던 대들보와 서까래가 보였다. 나도 모르게 "응 바로 저거다" 탄성이 나왔다. 옛 모습 그대로 살렸다. 전기줄은 애자(碍子)를 달아 띄웠다. 천정이 없어 겨울에는 방안 공기가 조금은 썰렁하다. 지금은 견딜 만하다.

글로벌소품관은 '명곡(明谷)'이다. 마을이 명막산(明幕山 330m) 계곡 아래 있어 붙인 것이다. 여기에는 아프리카 부르키나파소 등 7개 해외근무지와 베트남 등지를 여행하며 수집한 공예품과 가면이 있다. 지도 등 여행자료 코너도 있다. 근무지에서 받은 기념패와 행사 참가 출입증 같은 소품도 있다. 30여 개국 300여 점의 소품이 걸려있다. 70년 삶의 증거물이다.

'명곡'은 올해로 11년째다. TV, 신문, 잡지와 유튜브 등 SNS를 타면서 꽤 널리 알려졌다. 방명록을 넘겨보니 나라 안팎의 다양한 분

80년이 넘은 시골집의 대들보와 서까래를 살린 거실 천장

들이 다녀갔다. 가끔 고등학교에서 나의 강의를 들었던 학생들이 소품관을 보고 싶다며 찾아오기도 한다. 그리고 대학생이 되어 해외로 진출하고 싶다는 학생들도 있다. 글로벌 진출에 대한 멘토링을 해오며 작은 보람을 느끼곤 한다.

부모님이 남기신 주걱, 못줄, 소쿠리, 등잔, 쥐덫, 다듬이돌과 빨래 방망이 같은 생활 도구도 있다. 동네 뒤 사기점골 옛 가마터에서 주워 온 그릇 조각도 있다. 그리고 흑석산성, 부여 가림성(성흥산성), 능산리사지 등의 기와 조각도 있다. 남들이 보기엔 별거 아닌 것 가지고 뭐하는 짓이냐고 생각하겠지만 나에겐 하나 하나 스토리가 담긴 귀중한 것이다.

부모님의 손때 묻은 생활도구들

사랑채 외양간과 아궁이 자리에
'명곡(明谷)'으로 부르는
글로벌 소품 전시관을 꾸몄다.
마을이 명막산(明幕山 330m)계곡
아래 있어 붙인 이름이다.

부여가림성, 능산리사지 그리고 고향 흑석산성에서 발견된 기와 조각들

동네 뒤 사기점골 그릇,
흑석산성 기와 등

파라과이 교민 케빈 리, 이동훈 씨 형제가 남미 가면을 기증

아프리카 부르키나파소 가면을 시작으로 외국의 전통 가면을 모으고 있다. 이제 가면이 '명곡'의 주 전시품이 되어 돋보인다. 와가두구 흑탄가면은 이색적이고 돋보인다. 여기 있는 20개국 30여 가면인(人)의 리더 격이다. 언젠가 훌륭한 세계적 수준의 가면전시관이 되어 지구촌의 명소가 될 날을 기대해 본다. 코로나 팬데믹 상황이 끝나기를 기다린다. 지구촌을 돌며, 가면을 수집해 볼 참이다. 베트남 등 동남아 여행 갈 때는 그 나라, 지방의 가면을 꼭 챙겨오는 습관이 들었다. 이들이 앞으로 30년 나의 글로벌 삶을 응원해 줄 것이다. 소품관은 외국인뿐 아니라 지역 주민, 친구 그리고 처음 만나는 사람들과 어울릴 수 있는 소재거리를 제공하는 면도 있다.

아프리카 부르키나파소 가면을 시작으로
외국의 전통 가면을 모으고 있다.
이제 가면이 '명곡'의 주 전시품이 되어 돋보인다.
언젠가 훌륭한 세계적수준의 가면전시관이 되어
지구촌의 명소가 될 날을 기대해 본다.

2022년 4월의 '명곡' 모습

베트남 하노이에서 사 온 가면이
벼 수확철 참새떼를 막아주고 있다

대전에 살다가 귀국한 인도네시아 친구 오니 잠하리는 떠나면서 자기 나라의 전통 '브랑코'를 들고 왔다. 아파트 경비를 하던 친구는 캠코더를, 동네 주민 송경자님은 용수와 곰방대를, 자비사 스님은 해군함정 모형을 기증해 주셨다. 또 정읍에서 알미늄 사업을 하는 오세인 사장님은 관우 장군 동상을, 부여 임천이 고향인 최훈성님은 옛 문짝(틀)을 주셨다.

한평생 농토 가꾸시며 고생하셨던 부모님을 생각하며 사라져가는 옛 농사 도구도 모으고 있다. 얼마 전에는 대어를 낚았다. 산업단지 조성공사로 폐가가 된 곳에 버려진 호롱기와 홀태(벼 탈곡용 도구)를 수집했다. 시대가 지난 전기제품도 좋다. 언젠가는 귀해질 것이다. 손주들에게도 좋은 교육자료가 될 것이다. 동네 분들 또 친

코스타리카 화산석 가면
(중앙, 김보환 기증)과
부르키나파소 가면(위, 아래)

구, 후배들도 한 두 가지씩 들고오며 도와주고 있다.

논에 벼가 익어가는 계절이면 참새떼들이 몰려와 조잘거리며 잔치를 한다. 금년에도 베트남 하노이 호안끼엠 시장에서 산 찡그린 얼굴의 가면을 논 가에 꼽아 놓았다. 가면 인상이 험악해 보였는지 참새 떼들이 조용해졌다.

나는 가끔 저녁에 소품관에 들어가 글로벌 가면 친구들과 얼굴을 마주한다. 이들을 보면 마음이 편하다. 인연이 있기에 만난 것이다. 항상 뒤에서 응원하며 힘을 주고 있는 느낌이다. 작년 추석 에는 코스타리카에서 섬유컨설팅 관련 일을 하고 있는 후배가 가지고 온 두 가면 가족이 새 식구가 되었다. 원주민 '인디헤나' 상과 세계에서 가장 활발한 화산인 아레날 화산석으로 만든 원주민 상이다.

명곡소품관을 찾은 외국 유학생 그리고 손주들

후배는 “휴가 때 쿠바, 파나마, 칠레 등 다른 나라에 가게 되면 또 챙기겠습니다.”고 말한다. 나도 잘 안다. 여행하며 남의 선물 사러 다니기는 정말로 쉽지 않은 일이다. 고맙기 그지없다.

‘명곡’은 그간 외국인, 유학생 그리고 동시와 농촌을 연결 교류해주는 플랫폼 역할을 톡톡히 해왔다. 조금씩 알려지면서 지역 민방 TJB의 ‘당신의 한 끼 밥상’과 KBS 대전의 ‘TV이웃 다정다감’ 프로그램 출연으로 이어졌다.

작년 11월 6일에는 GBK(Global Bridge Korea, 대표 조범구)에서 주관하는 플로깅 모임 멤버 27명이 찾아왔다. 플로깅은 스웨덴어 Plocka upp(이삭을 줍는다)와 영어 jogging(조깅)의 합성어로 '환경을 생각하며 운동'하는 최신 트렌드이다. 동네에서 가까운 장태산에 가 행사를 마치고 온 것이다. 인도, 인도네시아, 베트남, 중국, 일본에서 온 외국학생들이었다. 글로벌 소품관 '명곡' 벽에 걸린 자기 나라의 가면들이 눈에 띄자 반가워했다. 나는 앞으로 10년 내에 멋있는 전시장과 글로벌 카페 그리고 마을 도서관을 만들어 보는 게 꿈이라고 말했다. 중국 광저우에서 와 충남대학교에서 한국어를 배우고 있는 조우뻥위 학생은 엄지척하며 인생을 참 멋지게 산다고 치켜줘 용기백배했다. 몽골에서 온 오강체첵 학생은 자기 나라 가면이 없음을 알아채고 "몽골 가봤어요?"하며 물어온다. 여행 중 어렵게 구해 온 작은 가면이 글로벌 네트워킹에 도움을 주고 있다.

겨울 농한기를 이용하여 가면 만들기를 해 볼 참이다. 먼저 시도해 보고 싶은 것은 서산 용현리 마애여래삼존상 '백제의 미소'다.

명절 때 손주들이 오면 시급 알바비를 주며 먼지를 닦게 한다. 자연스레 경제교육도 되고 글로벌 멘토링의 시간이 된다.

'명곡'은 은퇴 후 내 생활의 중심이다. 또 대외활동의 출발점이 되어준다. 지금 나가는 건양역사관과의 연결고리 역할도 했다. 고맙다.

2012년 5월 부르키나파소 가면 몇 개 걸어놓고 출발했는데 지금은 다르다. 국내 외 소품들이 가득하다. 앞으로 어떻게 변할지 기대된다. 또 다른 '뜻 위에 길'이 될 것이다.

은퇴자의 삶도 나름이다

퇴임 후 주로 국내에 와 있는 외국인 지원 그리고 외국과의 교류·협력과 관련된 일을 해 보람 있었다. 이후에는 실업급여 받으며 상담을 통해 영화관 CGV에 근무했다. 상영관이 9개로 대전에서 가장 컸다. 대학생들과 함께 입장객을 안내하는 일이었다. 팝콘 튀기기와 음료서비스 교육도 받았다. 유니폼에 나비넥타이를 매야 해 처음에는 멋쩍었다. 때로는 학교 동창이나 아는 사람과 마주치기도 했다. 스트레스 없고 영화 실컷 볼 수 있어서 좋았다. 주로 서부영화와 미국 시골 배경의 영화를 즐겨보았다. 그리고 중국, 일본, 프랑스 영화도 보며 해외에서 배운 외국어를 되새겨 보기도 했다. 모범 시니어로 뽑히기도 했다. 현직에 있을 때 영사콜센터를 운영하면서 몸에 밴 고객응대서비스가 도움이 되었다. 경험을 살려 '커뮤니티영화관' 또는 '시니어 영화관'을 해봐도 좋을 것 같다는 생각이다.

OKTA 중국 연길지회 차세대 무역스쿨 교육

다음에 찾아진 일자리는 공영주차장이었다. 코로나 상황으로 일자리가 심각할 때였다. 6대 1의 경쟁이었다. 격일제 3교대 근무였다. 시골에서 농사도 지어야 하니 시간이 많아 좋았다. 처음엔 심야근무가 힘들었지만 적응해 나가니 견딜만 했다. 주차시스템을 배울 수 있는 기회도 되었다. 현재 일하는 곳으로 연결되는 역할이 되었다. 무엇이든 가리지 않고 도전하는 용기를 인정해 주신 것이다. 은퇴 후에는 '찬밥 따듯한 밥 가리지 마라'는 말을 믿고 있다.

언젠가 때가 되면 모든 것을 다 내려놓아야 하는 것이 무엇보다 중요하다. 오래전에 일본 도쿄대학 총장 지낸 분이 다시 대학의 정문 수위로 일하고, 옛 삼미그룹의 회장이 식당에서 나비넥타이 매

'진로상담의 날' 외교관 경험 강의 (대전 성모여고)

고 서빙하고 있다는 신문기사를 본 기억이 있다. 무엇을 하는가는 중요치 않다. 쓰러지는 그날까지 일하며 살 수 있는 것이 바로 진정한 행복이라고 생각한다.

가끔은 지인들의 결혼식 주례를 맡아 해 주고 있다.

지역주민이나 도쿄에서 만난 재일동포, 유학생 그리고 탈북여성 등 다양하다. 나는 원고읽기 보다는 신랑, 신부, 참석자들과 소통하는 식이 되도록 노력했다.

또 틈있는 대로 연 4-5회 정도 주로 지방의 중·고등학교를 찾아 나의 글로벌 도전 경험을 전수해 왔다. 고성, 하동, 고창, 정읍, 공주, 장항, 괴산, 오창 등…. 일부러 아직 안 가본 시골을 골라서 찾아

간다. 강의실엔 항시 큰 세계지도를 준비한다. 한반도의 지정학적, 지경학적 위치 등을 설명하고 왜 해외로 눈을 돌려야 하는지에 대해 같이 소통해 본다. 학생들에게는 일찍부터 외국어와 문화를 배우고 받아들이며, 글로벌 매너와 에티켓을 익혀 글로벌 리더가 되라고 주문한다. 또 우리 청소년들의 우상인 반기문 전 유엔사무총장님의 "직업은 일찍 결정하라, 실력이 있어야 운도 따라온다, 자기의 생각이 옳다면 굽히지 말아라" 등의 말씀을 들려 준다. 글로벌 경쟁력이 바로 국력이다.

시골생활, 눈 뜨면 일거리가 보이고 움직이지 않을 수 없으니 운동이 아닌 활동이 된다. 고향에 집과 농토가 적당히 있으면 더 좋다. 나는 부모님이 남겨주신 농촌 가옥과 500여 평의 논밭이 있었다. 작년에 논 500여 평을 더 사들였다. 농사짓기 쉽지 않지만 시골에선 땅을 가지고 있어야 마음이 춥지 않다. 남의 땅 빌려 농사지으며 고생하셨던 부모님의 한을 이제라도 풀어드리고 싶다. 양식이 없어 칼국수, 고구마밥, 콩나물밥으로 지낸 어린 시절이었다.

귀촌자들의 수는 늘어가고 있다. 자신이 소비하는 안전 먹거리 농사 마음대로 지으며 청정의 자연 생태환경에서 한가하지 않게 몸을 움직이며 보낼 수 있기 때문일 것이다.

고향마을에 장태산휴양림이 있어 좋다. 고 임창봉 씨가 1972년부터 20만여 그루의 나무를 심어 조성한 숲이다.

네팔요리 만들어 보기 체험(대전 대화동 근로자 복지회관)

은퇴 후 시골생활을 하며
소일하는 것도 좋은 것 같다.
눈 뜨면 일거리가 보이고
움직이지 않을 수 없으니
운동이 아닌 활동이 된다.

땅콩농사(4월 중순 파종~9월 중순 수확)

캠벨 포도 농사

우리나라에 메타세콰이어가 가장 많이 있는 곳으로 2018년 여름 문재인 대통령이 다녀간 후 전국구가 되어 다른 곳에서도 많이 찾는다. 새 대통령도 다녀 가시길 기대해 본다.

시골에서 어렵게 자랐던지라 근검절약이 몸에 뱄다. 지금도 양말에 구멍이 나면 꿰매 신는다. 주변에 버려진 면장갑이 보이면 주워서 쓴다. 또 신문지, 종이 상자, 유리병, 캔은 모아 놨다가 2-3개월에 한 번씩 내다 판다. 1만 원도 채 안 되지만 돈을 받아 지갑에 넣을 때 기분이 좋다. 손주들이 오면 체험시킨다. 자연적으로 환경과 경제교육이 된다. 지난 명절에는 손주들에게 '환경 소녀' 스웨덴의 툰베리에 대해 이야기 해주었다. 농촌의 산길 도로변 그리고 하천 변, 농로 여기저기 '쓰레기 더미'로 골치다. 이것이 다 '돈더미'다. 폐기물은 없다.

인맥이 금맥이다

지역 언론에 "100세 건강시대, 100세 인맥이…"라는 칼럼을 쓴 바 있다. 퇴임 후 가장 중요한 것은 돈이 아니고 일이다. 일은 건강을 지켜주기 때문이다. 일을 찾기 위해서는 인맥이 더 필요하다. 고향에 돌아와 계속 일하며 시간을 보내게 된 것은 인맥 영향이 컸다. '인맥이 일맥이다.'

미국의 사업가 데일 카네기는 유명 CEO의 65%는 인간관계에서 비롯되었다고 했다. 20세기는 개인 역량의 시대였다면 21세기는 네트워크의 시대이다.

칠십부터 팔십까지의 10년은 베트남에 나가 지내려 생각했었다. 호치민에 사는 지엡 박사는 한국에서 만나 형 동생 사이로 친해진 베트남 정부관리 출신이다. 우리 마을에 와 한국의 농촌 풍경이 좋아 막걸리 마시며 집에서 1박까지 해 더 정이 쌓였다. 둘이 베트남 시골에 들어가 농사지으며 말년을 지내 보자고 했었다. 코로나가 종식되면 두고 볼 일이다.

세계한상대회와 세계한인무역협회(OKTA) 행사에 참가하며 네트워크를 구축하고 있다. 전 세계에 깔려있는 동포기업인들을 지역기업이나 대학에 연계해 주고 있다. 건양대학교 재직 시에는 학생들의 해외취업과 유학생 유치에도 도움이 되었다.

항상 자기의 얼굴을 알려 나가는 것이 중요하다. 그래야 인맥을 유지해 나가는데도 도움이 된다. 지역 신문, 잡지에 글로벌 삶에 관한 내용이나 지역의 발전, 지방대학, 건강 그리고 해외 여행하며 느낀 소감 등에 대해 꾸준히 기고하며 '김현중 브랜드'를 알려왔다. 외

UN대표부 근무시절 리셉션 참석

재일동포 이성사 회장,
재러 사업가 안위남 사장,
프론티어 덴탈 남영희 사장
의료 코디네이터(건양대학교 병원)

시골집에서 1박 2일,
베트남 대사관
디엡 서기관 가족과
유학생들

2013년 부르키나파소 경제포럼(롯데호텔) 참석자 대전방문 초청 교류

양간에 순수하게 차려놓은 글로벌 소품관은 언론을 타며 꽤 알려졌다. 신선하다는 반응도 얻었다. 자연스레 공공기관의 유튜브, 블로그 소개와 TV출연 등으로 이어졌다. 그냥 이뤄진 것이 아니다.

내 스마트폰에는 1천여 명의 연락선이 깔려있다. 연말이나 명절 때는 먼저 인사말을 전하며 관심을 표한다. 그리고 컬럼이나 기고문이 실리면 내용에 따라 공유한다. 실오라기를 잘 묶어 튼튼한 동아줄로 만드는 인맥 전략이 필요하다.

"모든 참다운 삶은 만남에서 비롯된다" 『나와 너』의 저자 마틴 부버의 말이다, 누구를 만나느냐에 따라 인생의 방향이 바뀔 수 있다. 나의 삶에도 1969년 산업전사로 첫 직장 전주에 가 있을 때 신문에 난 공무원 시험공고를 보여주며 공직의 길을 인도한 하숙집 아저씨, 항상 메모하며 매사에 꼼꼼히 일하는 모습의 마쯔다 씨(일본 미쓰비시 화학 기술자), 1981년 첫 해외 근무지 뉴욕에서 뵌 성실함의 대명사 반기문 전 유엔사무총장님, 1987년 아프리카의 오지 부르키나파소에서 말라리아 증세로 한밤중이라도 찾아가 문을 두드리면 따뜻하게 진료해 주었던 사와도고 박사, 1994년 중국 베이징에서 친 형제처럼 우정을 나누었던 사개평(沙開平) 사장, 박제영 박사, 2008년 일본 도쿄에 부임하여 중고자동차가 필요하다고 했더니 히로시마에서 밤새 몰고 와 키를 전해 준 야마무라[山浦] 씨, 도쿄에서 동생처럼 따뜻하게 보살펴주신 재일충청협회 유기환 회장님과 동경민단 타이도 지부 염순택 고문님, 그리고 나의 도전정신과 열정을 보시며 격려와 배려를 해 주고 계시는 김희수 건양대학교 명예총장님이 있다. 감사드린다.

나는 새로운 사람을 만나면 먼저 연락하고 직접 찾아뵙기를 좋아한다. 이를 즐긴다. 반응이 안 좋아도 그만이다. 자신이 잘 나갈 때 일수록 자세를 낮추고 겸손해야 한다. 보통은 고자세로 바뀌는 경우가 많다. 쓸데없는 인맥은 없는 것이다. 꺼진 불도 다시 보라는 말과 같이 누가 언제 어떻게 될지 모르는 것이다. 순수한 마음으로 꾸준히 소통을 이어나가는 것이 답인 것 같다. 나를 움직이게 하는 사람이 바로 금맥이 아닐까.

도쿄국제산악회 회원들과 교류

'나' 스타일의 시골생활이 좋다

코로나 팬데믹이 엔데믹으로 진행되어 갈지 궁금하다. 그간 자주 다녔던 일본, 중국, 베트남… 언제 가보게 될지 아직은 기약이 없다. 코로나가 시작된 2020년 초부터 해외는 꿈도 못 꾸고 국내에서도 활동에 제약을 받으니 갑갑하다. 일상의 행동 반경은 집이 있는 동네 아니면 차로 3-4분 걸리는 타운(옛 면소재지) 그리고 직장이다.

디지털화가 빨라지고 있다. 10년은 앞당겨지고 있다고 한다. 비대면이 일상화되고 있다. 공부도 모임도 비지니스도 축제도 온라인 일색이다.

농촌의 가치가 더 커진 것 같다. 마을 주변 토지와 빈집들이 매물로 나오기가 무섭게 임자를 만난다. 전과 달리 빠르다. 가끔 서울 친구들도 내가 사는 주변에 적당한 땅이 있는지 알아봐달라는 전화를 한다.

작은 고추가 더 매워요!!

요즘같으면 한적한 산골마을에 들어가 농사짓고 취미생활하며 지내는 것도 좋을 것 같다. 주변 상황을 반드시 잘 알아보고 미리 준비해야 오래 버틴다. 적응이 안 되어 다시 짐을 싸는 경우도 많다. 나홀로 보다는 가족과 함께 정착하는 게 답이다. 현지 주민들과는 불가원(不可遠) 불가근(不可近)의 관계가 어울리지 않을까.

귀향 얼마 후 마침 동네에서 가까운 곳에 4차선 도로가 뚫리는 공사가 진행 중에 있었다. 당초에는 마을길로 바로 연결되는 진출입로 계획이 없었다. 나는 주민들 도장을 받아 시청에 찾아다니며 해결했다. 또 구청장에게 마을길 포장과 쉼터 그리고 운동기구 설치 등을 선처해 달라는 손 편지를 썼더니 생각보다 쉽게 이뤄졌다. 동네 분들과 함께 게시판과 국기게양대, 마을 표지석도 세웠다. 그러나 천하대장군, 지하여장군 장승을 세우려 한 것은 마을 어르신들의 뜻대로 접어야 했다.

어린 시절 스물세 가구의 등골 마을은 한 집에 8-10명의 대가족 시절이 있었다. 좁은 마을안길은 사람으로 부딪칠 정도의 풍경이었다. 지금은 상당수가 독거노인 가구다.

나는 경운기나 관리기 없이 삽과 쇠스랑, 괭이로 일구며 농사 짓고 있다. 옛날 부모님이 고생하신 것을 생각하니 아직은 견딜 만하다. 마을에서는 유일하게 논두렁에 서리태 콩을 심고 있다. 아버지가 논두렁에 콩을 심으신 기억이 또렷하다. 아침마다 논길을 걸으며 콩도 보고 잡초도 뽑아준다. 작년에 서리태 2말을 거두었다. 스위스에서 처음 나온 마사이 워킹 신발을 고안한 칼 뮐러는 한국 농촌의 논길을 걷다가 창업 아이디어를 얻게 되었다고 한다. 논두렁 걷기는 무릎과 허리 건강에도 좋은 것 같다.

이른 아침부터 온갖 새들의 지저귐에 눈을 뜬다. 새들은 지붕사이, 우체통 안, 벽에 걸어놓은 죽부인 위 가릴 것 없이 집을 짓고 새끼를 깐다. 새끼가 보이는 해는 뭔가 좋은 일들이 생기는 느낌이다. 산속 자연인만의 특혜다. 건강인생, 시골 생활이 지켜준다.

흑석리 등골
고향집

100세 건강인생시대이다.
귀촌하는 분들이 빠르게 늘어나고 있다.
요즘과 같은 코로나 팬데믹 상황에서는
한적한 산골마을에 들어가 농사짓고
취미생활하며 지내는 것이 나을 것 같다.

우편함(가끔 봄에 새가 알을 낳고 새끼를 깐다)

이른 봄부터 늦가을까지 수선화, 다알리아, 목단화, 백합, 장미, 상사화, 으아리, 국화 등이 피고 진다.

10년 전 귀향생활 초기에 농업기술센터를 찾아갔다. 당시 김종열 소장은 영농 자료 표지에 크게 '흙사랑'이라 써주며 먼저 작물재배에 적합한 토양을 만들어 보라고 말했다. 퇴비와 낙엽, 음식물 쓰레기, 왕겨로 가꾼다. 봄에 쇠스랑으로 일구면 굼벵이와 땅강아지, 개구리들이 튀어나온다. 부슬부슬 흙이 부드러워졌고 촉감이 좋아졌다.

"할 일 없으면 농사나 지면되지" 는 틀린 말이다. 농사도 배워야하고 경험이 필요하다. 파종과 수확, 보관의 시기 등을 잘못하면 "1년 농사 망친다"라는 말 듣게 된다. 이젠 거의 모든 농작물을 심어봤기 때문에 '나 스타일'로 한다.

텃밭은 이것저것 조금씩 다 심는 종합백화점이다. 집사람은 오이 등 농작물을 따면 좋은 것은 딸 가족에게 보내곤 한다. 봄철 밭작물 심을 때와 가을철 밤이 떨어질 때는 손주들이 와서 농촌 체험을 즐긴다. 밥상은 로컬 푸드 일색이다.

얼마 전 어깨쭉지가 아파서 병원에 갔었다. 한 해 동안 낫질, 도리깨질, 톱질 그리고 쇠스랑으로 땅을 파엎으니 아플만도 하다. 오른손가락도 감각이 둔해졌다, 손목을 많이 써서 그럴 것이다. 농사는 쉬운 일이 아니다.

벼는 밥맛이 좋은 '삼광'벼를 심는다. 논 물대기를 벼베기 1주일

전까지 해 밥맛이 좋다는 소문이 났다. 햅쌀 찧으면 동네 주민과 주변 지인으로부터 주문이 들어와 조금 팔고 있다. 2021년에는 6월 3일 모 심고 4개월 반 후인 10월 17일 수확했다.

벼수확 후부터 농한기다. 추수 끝난 논에는 이삭이 많이 있다. 콤바인이 제대로 못 벤것 그리고 비바람에 엎친 벼가 그대로 있다. 재작년부터 이삭을 주워 두해째 쌀 40kg씩을 거두었다. 우리 부부 1년치 식량이다. 벼 농사를 지어보면 벼 낱알 하나하나가 얼마나 귀한지 잘 안다.

농사를 시작한 초창기에는 밭에 잡초 하나 없이 깨끗하게 관리하며 작물을 키웠다. 요즘에는 꾀가 늘었다. 밭에 인삼 차광막을 깔아 잡초를 막았다. 체력이 갈수록 달려서 일것이다. 중고 트랙타를 사보려 했더니 주위에서 위험하고 수리비 감당이 어렵다며 극구 말린다.

시골집은 외국인과 유학생들이 와서 한국 농촌의 주거와 생활상황을 이해하는데 역할을 해 왔다. 한국문화해외교류협회 회원들이 와서 시 낭송을 곁들인 하우스 콘서트를 한 적도 있다. 또 서울에서 대학원 동기들이 내려와 닭백숙을 삶고 마루에 걸쳐 자며 1박했던 추억도 있다.

1940년에 지어진 시골집은 100평이 채 안 되는 땅에 본채와 사랑채 그리고 마당, 꽃밭이 있어 비좁다. 뒤는 바위 산이다. 돌 조각

'삼광' 벼 수확(5월 하순에 심고, 10월 중순에 거둔다)

을 조금씩 파내고 있다. 동굴을 만들어 농작물, 음식도 넣어 볼 계획이다. 유사시 대피까지 할 수 있도록…. 중국 고사에 나오는 마부작침(磨斧作針), 우공이산(愚公移山)의 정신으로 시작한다.

산속 밭 곁에 나만의 힐링 장소를 만들어 보았다. '동네콕' 하며 만들었으니 '코로나 파크'로 부른다. 고목 뿌리와 옹기들을 늘어놓고 글로벌 이정표도 세워 놓았다. 두 번째 해외 생활을 했던 와가두구(부르키나파소 수도)까지는 12,421Km이다. 야생화 꽃밭도 만들

코로나 파크 글로벌 이정표
동네에서 '와가두구'까지 12,421km의 여정이다.

었다. 또 '집콕'하며 절구통과 도구대를 깎아 인절미를 만들어 먹기도 했다.

직접 깎아만든 절구통에 인절미를 찧는 장면

2년 이상 갇혀 지내다 보니 커뮤니티가 중요한 것 같다. 살고 있는 마을, 마트가 있는 타운 그리고 가까운 거리에 있는 적당한 일자리 등. 품앗이 하고 같이 환경도 생각하며 지내는 지근거리 생활의 시대가 온 것 같다.

도전해보고 싶은 것이 있다.

고향 주변에 멋진 전시장과 카페, 그리고 향토관, 도서관,

나의 역사관이 어울린 복합문화공간,

'라키비움'(library, Archives, Museum)을 마련해

소일하며 지내는 것이다.

이미 가족에게도 포부를 밝혔다.

욕심이 너무 과하지 않나 하는 생각이나 천천히 밀어볼 것이다.

이젠 속도가 아니라 방향이다.

70세, 나의 도전은 계속된다

건양교육재단 설립자이신 명곡 김희수 의학박사님은 내 인생의 진정한 롤 모델이다. 그는 60이 넘어 고향 논산에 건양대학교를 70이 넘어 건양대학교 병원을 그리고 80이 넘어 건양사이버대학교와 부속 유치원을 세웠다. 항상 미래를 보는 안목으로 십 년마다 큰 발자취를 남기며 살아가고 있다.

이런 강단이 어디서 나왔을까 생각해 보았다. 김희수 건양대학교 명예총장님은 스물여덟의 나이에 청운의 꿈을 품고 홀로 미국으로 떠났다. 당시 1956년은 6.25 동란 후 어수선한 시기였다. 병원을 개업해 돈을 벌 수도 있었다. 또 결혼해 딸도 있었다. 그럼에도 유학을 결심한 것은 대단한 용기였다. 이 도전정신이 95세의 나이를 잊고 열심히 사시는 원천으로 보고 있다.

유학에서 돌아와 선진 안(眼)과학의 신학문과 마케팅 그리고 환자 제일주의로 '영등포 김안과'의 신화를 창조했다. 그는 항상 주머니에 수첩을 넣고 다니며 적어 놓고 확인하며 일을 추진해 나간다. 옳다고 생각되면 불같이 밀어 부치며 끝장을 보는 성격이다. 오늘도 고향 논산 양촌에 있는 건양고등학교를 전국 최고의 명문으로 만들기 위해 애쓰고 있다.

지난 세월들이 주마등처럼 스친다. 1951년 전쟁 중 빈농의 장남으로 세상에 나와 칼국수, 고구마로 끼니를 때우며 자랐다. 방학 때는 다리 공사장에서 일하며 학비를 벌어야 했다. 은행 쓰레기통에서 담뱃재 묻은 신문을 꺼내 읽으며 '세계로의 꿈'을 키워나갔다. '조국근대화의 산업전사'로 현장에서 일본 기술자들과 어울리며 일했다.

하숙집 아저씨가 보여준 신문을 본 것이 인연이 되어 '공무원의 길'에 들어섰다. 카투사로 배속되어 미군들과 뒹굴며 '미국물'을 마셨다. 지방에서 상경해 효창공원 부근 반지하 방에 살며 수산청에 다녔다. '뜻 있는 곳에 길이…' 드디어 외무부(외교부)에 입성했다. 첫 해외 근무지 뉴욕으로 갔다. '아메리칸 드림'이 이루어졌다. 그 후 와가두구, 타이페이, 베이징, 홍콩, 히로시마를 거쳐 도쿄까지 완주했다. 지나온 여정은 소중하다. 앞으로 갈길의 훌륭한 안내자이다.

2011년 은퇴 후 대전국제교류센터와 건양대학교에 다니며 글로벌 관련 일을 해 보람 있었다. 그리고 CGV와 대전 서구청 공영주차장에 나가며 '사회물'도 마셔보았다. 귀한 경험이었다. 지금은 평소 관심을 가졌던 역사, 문화와 가까운 일을 하고 있어 행복하다.

지난 칠십 년의 세월…. 뜻 위에 길을 만들며 걸어왔다. 앞으로 어떻게 살아나가야 하는지 정답은 없을 것이다. '지금'에 충실하며 열심히 사는 것이 도전일 것이다. 그러면 건강도 따라줄 것이다.

멀리서 나이와 관계없이 활동하고 있는 소식이 들려온다. 캘리포니아 리치먼드 공원의 '100세 역사해설자' 베티 라이드 소스킨, 퇴임 땐 101세가 되는 뉴저지 틴틴폴스 시 비토 페릴로 시장 등….

오늘도 새벽 5시 EBS 라디오 중국어, 일본어, 영어 그리고 베트남어 강좌를 들으며 하루를 시작한다. 벼농사, 밭작물 파종으로 바빠진다. 사랑채 외양간의 글로벌 소품을 위한 멋진 전시실, 향토자료와 책들로 채워진 카페…. 70세, 나의 도전은 계속된다.

제4부

김현중 컬럼, 기고문, 보도기사

나는 원래 글재주는 없다. 아마 독서량이 적어서 일 것이다. 다만 초등학교 시절 글을 예쁘게 쓴다고 뽑혀서 지역의 글짓기 행사에 간 기억은 있다. 중학교 때는 전방 군인에게 위문편지 보내기로 경기도 연천에 있는 상사님을 알게 되었다. 편지를 수없이 주고받았다. 상사님이 학교에 찾아와 만난 적도 있다. 글쓰기 단련도 되었을 것이다. 그리고 중학교 때부터 신문 읽는 습관이 들었다.

현직에서 해외여행 안전관련 홍보 기사도 쓰고 인터뷰하며 언론과 가까이하는 계기가 있었다. 또 일본 도쿄에서 민단, 한인 등과의 정기적인 소통을 위해 '영사 메일' 타이틀로 매달 공지 사항이나 생활 정보를 실어 보내주었다. 퇴임후 대전국제교류센터를 운영하면서도 외국인 커뮤니티 그리고 교류단체와의 소통을 위하여 '교류 메일'을 보냈었다.

그리고 대전일보, 중도일보 등 지역에서 나오는 신문과 시청, 구청에서 나오는 매체에 글로벌 시대와 관련되는 내용의 글을 올리게 되었다. 나름대로 '재능기부'라고 읊조려본다. '김현중 컬럼'을 정기적으로 게재하기도 했었다. 신문사 독자위원, 시민기자로도 활동했다. 인터뷰 등 보도기사를 포함해 평균 한 달에 한 건 정도는 된다. 제 4부에 나오는 이러한 것들이 '뜻 위에 길을 만들다'의 기초가 된 것이다.

기사를 쓰려면 1주일 정도는 고민한다. 트렌드를 읽으며 과거의 경험과 현재 그리고 미래까지 내다보는 공정이다. 자연으로 돌아가는 그날까지 계속될 것이다.

글로벌 창업 꿈꾸는 중국 동북지역의 한인청년들

연변조선족자치주 화룡시 진달래 민속촌에는 붉은색 셔츠를 한결같이 입은 청년들이 몰려들어 비지땀을 흘리고 있었다. 세계한인무역협회 연길지회(회장 남용수)가 주최한 World-OKTA 차세대 무역스쿨에 참여한 청년들이었다.

연변은 한국보다 위도가 높아 조금 시원할 것으로 기대했지만, 지구온난화 때문인지 예상은 빗나갔다. 하지만 청년들의 얼굴에는 열정이 넘치고 있었다. 다들 21세기 동북아시아시대를 이끄는 리더가 되어 보겠다는 생각으로 가득 찬 듯했다.

남용수 회장은 "연길, 길림, 장춘, 통화 등 4개 지회에서 140여 명이 참가했다"면서, "선배들의 성공담을 들으며 창업의 기초를 다지고 네트워크를 만드는데 의의가 있다"고 말했다. 이들은 이영현 전 월드옥타 회장(12대) 등 연사들의 강의에 귀를 바짝 기울이면서 글로벌 창업 아이템 고리를 찾아보려 늦은 밤까지 별을 세며 고민했다.

나도 이번 무역스쿨에 초대를 받아 5년 만에 연변을 찾았다. 나는 글로벌 창업에 대해 강의했다. 지금의 우리에게 일자리(job)를 많이 만들어 주고 떠난 스티브 잡스(jobs)가 말한 것처럼 "Think Different, Act Different"의 창의적 사고와 실천이 성공의 길을 연다고 역설했다. 그리고 끝까지 포기하지 않는 불굴의 정신과 열정이 뒷받침 되어야 한다고 강조했다.

동북3성의 동포 청년들은 중국과 한국 그리고 북한을 모두 안다. 중요한 역할을 할 수 있는 비즈니스 전사들이다. 나는 그들에게 가까운 거리에 있는 일본과 러시아, 몽골까지 아우르는 21세기 동북아시아시대의 글로벌 비즈니스 프론티어가 되어달라고 당부했다. 이 얘기를 듣는 청년들의 눈은 징기스칸 초상화의 눈빛처럼 강렬했다.

나는 지난 20여 년간 북미, 아프리카 그리고 아시아 등 3개 대륙 7개국에서 살아본 경험이 있다. 이를 통해 느낀 점들, 글로벌 비즈니스에 있어서 중요하다고 생각되는 것 중에서 3가지를 소개했다. 먼저 Localization(현지화)이다. 로마에서는 로마법을 따르라고 했듯이 현지의 문화와 관습, 법률을 정확히 알고, 지키며 또 존중해야 한다. 다음에는 Networking(인맥쌓기)이다. 아무리 정보화시대라

중국 길림성 연변조선족자치주(인구 227만명, 면적 43,474㎢)

고 해도 직접 만나 교류하며 서로 신뢰를 쌓아가는 것이 좋다. 셋째로는 Communication(소통)이다. 연락 올 때를 기다리지 말고 먼저 전화, 메일 보내고 점심 먹으며 소통을 해야 한다. 그렇게 하면 안 될 일이 없다.

그리고 마지막으로 신문읽기를 권했다. 4차 산업혁명이나 고령화, 기후변화 등 오늘날의 변화무쌍한 트렌드를 잘 파악하기 위해서는 신문을 읽어야 한다. 신문 읽기는 인생의 나침판이다. 그리고 OKTA, 韓商과의 적극적인 네트워킹과 아울러 국내대학의 벤처기업/창업지원센터와의 상생협력도 주문했다.

화룡시 서성진 진달래촌은 2010년 7월말 큰 물난리를 겪었다. 그

연변 자치주 화룡시 진달래촌

후 그 자리에는 자그마한 호수와 지금의 한옥촌, 식당, 놀이시설, 회의장 등이 들어섰다. 시설은 '연변스타일'이지만 후손들에게 한민족의 정체성을 알리고, 한족들에게 문화를 소개하며, 다양한 사람들이 서로 교류하는 플랫폼 역할에는 손색이 없었다. 진달래촌 현원극 촌장은 백두산을 구경 오는 한국인 관광객들도 들린다고 귀띔했다.

일본 치바옥타지회 이태권 회장이 "훗날 모두 다 같이 어울려 교류할 수 있는 진달래 공원을 만드는 것이 꿈이다"라는 말을 한 적이 있다. 무궁화와 진달래, 개나리 피고 지는 동산에서 동북아시아의 한민족들이 만나 교류하는 훌륭한 비즈니스 플랫폼이 될 것이다. 꼭 성공하기 바란다.

전창훈 차세대집행위원장은 "2박 3일간 진행된 창업교류회에서 방송, 영상 등에도 쓰이는 고성능 압축 기술(H.265)이 소개되었다"면서, "이 같은 차세대들의 창업 아이템이 결실을 맺도록 노력해 나가자"고 말했다. 나는 연길을 떠나 장춘으로 향하는 고속철도 안에서 손을 모았다. 알로에 식품 사업에 20년을 보냈다는 박옥련, 타오바오에 샘물냉면과 육수를 판다는 장청옥… 등. 이번 무역스쿨에 몸을 던진 동북3성의 청년들이 언젠가 마윈, 마화텅, 레이쥔, 동밍주 같은 글로벌 기업인으로 올라서는 날이 오기를 기원했다.

(월드코리안 2017.8.1.)

영화 '봉오동 전투'를 보고

영화 '봉오동전투'를 관람했다. 한일간의 무역전쟁이 치열하게 전개될 미묘한 때였다. 관람객이 손익분기점을 넘긴 500만 명을 육박했다고 한다. 나는 '예전의 독립군 영화, 뭐 그렇겠지' 하고 안 보다가 뒤늦게 보았다. 하지만 달랐다. 영화관에 가면 웬만큼 재미있는 영화가 아니면 눈을 붙이는 스타일이지만, 이 영화는 두 눈을 크게 뜨고 꼬박 보았다.

봉오동(봉오골)은 연변조선족자치주 정부가 있는 옌지(延吉)에서 멀지 않은 지린성(吉林省) 왕청현(汪淸縣)에 있다. 지금으로부터 99년 전인 1920년 6월 7일 독립군 최초의 대규모 전투를 치른 곳이다. 독립군은 자연 지형을 이용하여 일본군을 죽음의 계곡으로 끌어들여 보기 좋게 이긴 전투이다.

봉오동 전투는 왕청현 봉오동에서 홍범도 장군이 이끈 대한북로독군부의 한국독립군연합부대가 일본군을 격파하고 승리한 전투이다. 봉오골의 승전보는 당시 국내외의 모든 동포에게 독립에 대한 강한 자신감을 불어넣어 주었다. 또 김좌진 장군의 청산리 대첩 등 독립군의 무장 저항 운동이 더욱 활기를 띠게 되는 계기가 되었다.

한국독립군연합부대는 "어제는 농사짓던 농부가 오늘은 독립군"으로 구성되어 있다. 한인들의 간도이주 역사는 1869년과 1870년 대흉년으로 생활이 어려워 월강죄(越江罪)를 무릅쓰고 넘어갔다. 1910년 일제의 강제병합 이후에는 탄압과 착취가 심해 만주지방에만 5만여 명에 달했다. 당시 일제강점기 때 만주 등 해외로 이주한 한인들은 농사꾼 등 직업에 관계 없이 독립운동의 자원이었다. 동북3성에는 길림성의 대한독립단 등 70여 개의 독립운동 단체를 중심으로 무장 독립투쟁을 전개했다. 당시 만주지방에는 1911년 삼원보에 설립된 신흥학교 등 민족교육기관이 100여 개에 달했다.

일본군은 포, 소총 등 신식무기와 기마병으로 구성되었다. 이에 독립군은 칼과 몽둥이 그리고 체코 용병이 쓰던 장총으로 맞서며 육탄전을 벌여 승리를 거둔다. 이들은 가파른 산등성을 가로지르며 달려 일본군 19사단 월강추격대를 봉오동(鳳梧洞) 죽음의 골짜기로 유인한다. 포와 소총 등 신식무기와 기마병으로 구성된 일본군이지만 어제의 농사꾼, 어부, 포수 출신으로 구성된 투지 백배의 독립군 결사 항전에 무릎을 꿇는다. 일본 군인들은 그 보복으로 어린이, 임산부 등 백성들을 무자비하게 학살했다. 거기에 더해 시시덕거리며 카메라 셔터를 눌러대기도 했다.

중국 동북3성에 갈 기회가 있으면 옛 봉오동을 꼭 찾아보고 싶다. 지금은 댐이 가로막고 있다지만, 해발 1200m의 고려령, 당시 독립군으로 전투에 참가했던 후손들이 살고 있는 조선족 마을 수남촌 등은 찾아볼 수 있을지 모르겠다.

금년은 3.1운동과 임시정부 수립 100주년의 해이다. 국내외에서 크고 작은 행사들이 많이 열렸다. 중국의 동북3성(흑룡강성, 길림성, 요녕성)의 용정, 왕청, 삼원보, 밀산 등지와 임시정부가 있었던 상해, 항주, 중경, 류주 등지 그리고 러시아 연해주의 블라디보스톡, 우수리스크 등 임시정부 유적 이외 독립운동을 했던 유적지들이 많이 있다. 그 외 미국과 일본 등 동포들이 거주했던 곳에는 크고 작은 항일 유적들이 있다. 영화를 보면서 이들 유적지에 대한 느낌이 새로웠다.

영화 '봉오동 전투'는 미국, 캐나다, 독일, 벨기에, 네덜란드, 호주, 뉴질랜드, 중국, 싱가포르, 대만, 필리핀, 인도네시아, 말레이시아 등 해외에서도 상영된다고 한다.

영화의 마지막에 일본군과 싸우다 죽은 동지들의 유골 가루를 담았던 '봉오동 태극기'가 나온다. 이를 보러 천안독립기념관을 찾기도 했다. 가슴이 뭉클했다. 이 전투로부터 1세기의 긴 세월이 지나는 시점이다. 5200만 국민과 750만 재외동포가 다 같이 봉오동 전투의 정신을 음미하며 새로운 100년을 대비해야 할 듯하다.

(월드코리안 2019.9.20.)

지구촌 시대, 글로벌 교류 위축은 해롭다

지난해(2018년) 12월 중국 화중(華中) 지방의 후베이성(湖北省) 우한(武漢)에서 신종 코로나바이러스(COVID-19)가 처음 발생한 이래 확진자의 수가 4만, 사망자가 1천 명을 넘어서고 있다. 감염경로가 다양하게 밝혀지면서 자연스레 77억 지구인들의 이동도 위축되고 있다. 국민총소득(GNI)대비 수출입 비율 87%로 세계 최고 수준인 우리 경제는 큰 타격을 받고 있다. 당장 글로벌소싱 전략으로 중국 부품에 의존하고 있는 현대자동차 등 국내 완성차 업체들이 와이어링 하니스 등 부품 조달 문제로 제대로 가동이 안 되고 있다. 일본의 반도체 부품 수출규제 때처럼 이참에 자동차 부품 등의 해외 의존도를 팍 줄여 보는 면역력 강화가 요구된다. 코로나 확산 여파로 일상이 깨지고 있다. 유명한 논산 딸기 축제 등 행사도 취소됐다. 철도, 버스 등 교통이용도 줄었다. 또 백화점이나 영화관, 식당 등 사람이 모이는 곳도 물론이다.

지금 우리는 세계화, 국제화 시대를 넘어 지구촌 시대이다. 국경과 국적 그리고 피부색에 관계없이 서로 오가며, 어울리고, 일하며 즐기는 한동네에 살고 있다. 1990년대 이후 결혼 이주와 노동, 유학, 취업 등으로 우리나라에 들어온 외국인의 수는 240만 명에 이르고 있다. 이들은 전국 방방곡곡의 중소기업이나 농촌의 일손 부족에 도움을 주고, 결혼 그리고 지방대학에서 효자 역할을 하고 있다. 2003년의 SARS와 2009년의 신종플루 그리고 2015년의 MERS에 이은 이번의 우한폐렴(중국은 新冠肺炎) 사태가 길어지면 우리의 지구촌 일상에도 위축되지 않을까 걱정이다.

지난 2월 5일부터 3일간 일정으로 대전에서 농산물 수출입 무역을 하는 회사 대표와 함께 대만에 다녀왔다. 주한 대만대표부를 통해 수소문하여 어렵게 잡아 놓은 농산물 수입업체와의 미팅을 잡아 놓은 터였다. 마침 코로나바이러스 확산 속도가 절정에 달할 때였다. 하루에만 확진자의 수가 2-3천 명, 사망자가 근 백여 명까지 치솟는 시기였다. 가족은 물론 친구 등 주변에서도 그냥 안 갔으면 하는 눈치 일색이었다. 이른 아침 청주공항은 썰렁했다. 여행객은 어린이를 동반한 가족 단위 여행자 몇 팀 수준이었다. 공항 매점에서 현지 선물용으로 마스크를 샀다. 지금 상황에선 어느 것보다 나을 것 같은 판단이었다.

처음 만난 대만의 바이어들은 어수선한 때 와 준 것에 대한 보답인지 배추 등 한국의 신선 야채 수입 물량에 대해 구체적으로 언급

하며 호의를 보였다.

나는 30년 전 우리와 외교 관계에 있을 때 3년간 타이베이에 주재하며, 점심은 햄버거로 때우고 저녁도 거르며 중국어를 열심히 배우며 보냈던 추억이 찐한 곳이다.

타이베이 공항과 시내에는 마스크를 안 쓴 사람들이 꽤 보였다. 외국인 여행자들도 많이 보였다. TV에서는 우한폐렴(武漢肺炎) 관련 소식뿐이었다. 또 금년 중국의 경제성장률이 5%대로 떨어지고 대만도 영향으로 2%대로 예상한다는 보도이다. 대만 복리위생부는 초기에 감염 차단을 위해 빨리 필요한 조치를 한 것으로 보였다. 공항은 진하게 소독약이 뿌려져 냄새가 났다. 중국 본토와 홍콩, 마카오로부터의 여행객을 일찍 통제했다. 또 중국여행 후 불성실 신고, 자가 격리 위반, 그리고 무례한 기침 행위 등에 대해 6만 NTD(한화 233만 원)에서 최고 30만 NTD(1,166만 원)의 벌금을 물렸다. 또 마스크의 수출을 중단시키고, 1인당 주 2회의 실명제로 구매토록 했다. 마스크를 착용하면 입장료를 10% 할인해 주기도 한다. 아울러 3,500명의 승객을 태우고 2월 4일 일본 요코하마에 입항한 호화 크루즈 다이아몬드 프린세스호의 대만 기항을 못 하도록 했다.

대한민국은 무역으로 먹고사는 나라이다. 쉴 틈 없이 만들고 들락거리고 만나며 실어내야 돌아가는 경제이다. 세계 180여 국에는 촘촘하게 깔린 750만 명의 귀중한 자산 '한민족'이 있다. 글로벌 교류의 위축은 국내 · 외 모두 직격탄이다. 정세균 국무총리는 2월 11일 신종코로나 사태로 너무 위축되지 말고 예정된 행사를 치르라고 주문했다. 연중으로 예정된 세계한인경제인협회(OKTA) 행사와 세계한인회장대회 그리고 세계한상대회와 차세대 관련 또 국내 청년들의 해외 취 · 창업 프로그램 등이 제대로 이루어지길 바란다. 전문가는 "공포는 위험의 실체보다 과장됐다. 마스크 쓰고 손 잘 씻으면 거의 100% 안전하다"고 말한다. COVID-19으로 인해 경제활동이나 일상이 마비까지 되지 않으면 좋겠다. 지나친 공포 딛고 일상으로 돌아가자. 다음 주는 베트남 하노이와 호치민으로 가는 일정이다.

(월드코리안 2020.2.13.)

사돈의 나라, 베트남을 내수시장으로 키우자

지난주 주변의 우려 속에 베트남 하노이와 호찌민에 다녀왔다. 오랫동안 친분을 나눠왔던 베트남 지인들과의 교류를 위해 강행한 것이다. 2년 반 만에 다시 찾은 셈인데, 코로나19 여파로 인천공항은 한산했다. 줄 안 서고 그냥 나가며 수속을 밟는 건 처음이었다.

베트남 항공 좌석은 3분의 1도 못 찼다. 6~7년 전 베트남에 갈 때는 비행기 안에서 아기 울음소리로 귀가 따가웠던 추억이 있다. 지금은 달랐다. 거의 비즈니스 차림 아니면 결혼이주여성들의 부모나 친척으로 보이는 분들이 많았다. 영화 '기생충'을 보는 사이 하노이 노이바이 국제공항에 도착했다.

하노이 시내에는 고층의 새 아파트들이 많이 보였다. 오랜만에 만난 하노이 폴리텍대학 이사장은 직업교육 확대를 위해 한국의 ODA(정부개발원조)에 대해 좀 알아봐 달라고 했다. 서울에 주재하다가 퇴직하고 인력송출사업을 하는 기업인은 제주도 등 지방 수협에 연근해 어선원을 공급하고 있다며 다른 곳으로 확대할 예정이라고 했다. 가는 김에 국내에서 지인이 하고 있는 치과 재료 및 전기자동차 사업 진출에 대해서도 알아봤다.

한국과 베트남 관계는 1992년 수교 이래 급성장했다. 베트남은 우리의 3대 수출시장이자 4대 교역국으로 커졌다. 미국·중국에 이은 3대 투자대상국이며, 우리나라는 베트남의 최대 투자국이다. 아세안 10개 국 중 제1위 교역대상국으로 그 비중이 44%에 달한다. 삼성·현대·LG 등 대기업들은 해외 생산거점을 베트남으로 속속 옮기고 있다. 주로 북부 하이퐁에서 하노이 인근으로 집중됐는데, 최근엔 중남부로도 들어가고 있다.

지난해 베트남 경제는 7.02% 성장했다. 손영일 세계한인경제협회(OKTA) 호찌민지회 고문은 “현재 베트남의 1인당 GDP는 3,000달러다. 인건비 절감을 위해 한국 기업들이 많이 진출하고 있는데 국민소득 1만 달러(약 10년 정도 소요)까지 가능할 것”이라고 말했다. 베트남의 메리트는 1억 명에 가까운 인구와 30세 이하 젊은층이 많다는 점이다. 그러나 베트남 경제도 우리처럼 대외의존도가 높아

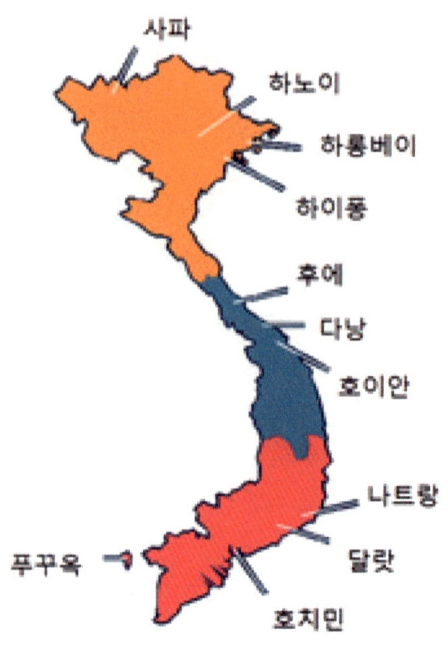

남북 1800여 km, 베트남의 주요 도시

미 · 중 간의 통상분쟁과 중국의 경제성장 둔화 등 글로벌 위험요인이 있다.

하상진 한국산업인력공단 하노이지사장은 "현재 베트남에 진출한 한국 기업은 1만 5,400여 개(기업 8,400개, 소상공인 7,000개)로, 체류 한국인은 20만여 명(하노이 7만 명, 호찌민 10만 명, 기타 3만 명)이다. 또 3만 7,000여 명의 베트남 인력이 한국에서 일하고 있다. 이들이 받는 임금은 연간 1조 원대에 달한다"라고 설명했다.

호텔 옆 마트에 들어가 보니 라면 · 과자 · 화장품 등 한국 상품이 수두룩했다. 베트남 유통업에서 성장 가도를 달리는 K-MART는 한국 제품 전용 판매장이다. 하노이 시내 쭝화 거리엔 한글 간판이 많이 보였다. 또 미딩 지역은 새로운 한인 타운으로 부상하고 있다. 베트남인들은 박항서 감독 이야기만 나오면 "넘버원"이라며 엄지척을 한다. 또 손흥민이 나오는 프리미어리그 경기는 모두 볼 정도로 손흥민의 인기가 좋다고 한다.

요즘의 국내 경제는 말이 아니다. 최저임금 인상과 주 52시간 근무제 시행으로 자영업의 기반이 흔들리고 있는 데다 코로나19 여파로 터널의 끝이 안 보인다. 베트남에 있는 한국 기업들은 대부분 제조업으로 인건비 절감을 위해 진출했다. 최근에는 음식업 · 미용실 · 부동산 · 카센터 등 서비스업 등 소상공인들의 진출도 많아 보인다.

베트남도 기본적으로 중국의 사회주의 체제와 크게 다르지 않다. 행정절차가 복잡하고 투명하지 않은 면도 많고, 현지에서 부품 및 원부자재 수급이 쉽지 않다. 물류 등 인프라와 고급인력도 부족하다. 사업을 시작하기 전 베트남어와 문화, 관습부터 익히는 것이 좋은데 유교, 한자문화권이라 우리와 유사한 점이 많다. 자주 다니며 사람부터 사귀어 사업을 구상해 보자. 필자의 경험으론 중국 비즈니스에서 흔히 말하는 '꽌시(關係)'는 베트남에선 필수다. 대전에도 유학생, 결혼이민자, 노동자 등 4,000여 명의 베트남인이 살고 있다. 당장 나가 친구를 사귀며 윈-윈 할 수 있는 진정한 교류의 사업을 시작해보자. 위기는 곧 기회다.

대전시는 남부의 빈증성, 북부 하노이 인근 홍웬성과 자매우호교류를 하고 있다. 다양한 민간단체간의 만남 기회를 마련해 주면 진정한 사돈의 관계로 우의가 돈독해질 것이다.

(금강일보 2020.2.27.)

'글로벌 대전'을 위하여

대전은 국토의 중심이다. 예전에는 경부선과 호남선 철도가 갈리는 교통의 도시로만 불려졌다. 30여 년 전 대덕연구단지가 들어서기 시작하면서 과학도시, 1997년 둔산에 정부3청사가 준공되면서 행정도시, 1989년에는 인근에 3군 본부가 내려오면서는 군사도시로…, 이제 문화예술 도시 타이틀을 더 붙여도 되지 않을까?

많은 정치인들이 대전의 미래 성장을 위한 구호를 쏟아내고 있다. 나는 40년 만에 흑석동 고향으로 돌아와 사랑채 아궁이와 외양간에 글로벌 소품관 '명곡(明谷)'을 열고 학생들에게 글로벌 전도사 역할을 하고 있다. 대전학(大田學)에는 생소하지만 고향발전을 위해 몇 가지 생각을 적어 본다.

하나는 대전을 글로벌 문화와 지역 간 교류의 허브로 만드는 것이다. 대전에는 20여 나라에서 온 5,000여 명의 외국인 유학생이 체류하고 있다. 타 도시에 비해 유학생의 비율이 높은 편이다. 그 외 2만 5천여 명의 다문화 외국인들이 살고 있다. 이들은 대전의 중요한 자산이다.

베트남, 중국 등의 외국인들이 대전에서 전국 규모의 체육대회나 신년회 등을 갖고 있다. 전국 유학생 축제를 개최하고, 대전시의 34개 외국자매. 우호도시와 시민단체 간의 교류를 활성화시켜 나가면 대전시를 세계에 알리는 데 좋은 약이 될 것이다.

내가 있었던 일본 히로시마시는 지역의 향토 기업이 국제교류센터를 세워 시와 함께 운영하며 외국인 지원을 하고 있다. 일본의 지자체들은 국제 교류가 지역경제 활성화에 기여하는 점이 큼을 감안하여 적극적으로 추진해 나가고 있다.

'글로벌 대전'을 앞당기기 위해서는 대전시의 국제교류 협력 조직과 예산을 일부 광역시 규모로 늘려 나가야 한다. 그리고 시민단체의 국제교류를 적극적으로 발굴하여 지원함이 필요하다. 또 시민들의 글로벌 에티켓과 매너를 익히고 지키는 캠페인을 해 나가면 좋을 것이다.

중앙시장 부근에 청소년종합문화센터가 있다. 지역의 글로벌 리더 양성은 물론이고, 중부권 이외 영호남의 젊은이들 그리고 외국인 유학생과 다문화 외국인들도 함께 어울리며 교류하는 공간과 프로그램도 좋을 것이다.

둘째로는 대전도 큰 규모의 국제적인 이벤트를 통해 글로벌 도시

정부 제3청사(대전 서구 둔산동)

로 발전하는 계기로 만들어 나가야 한다. 대전은 1993년 엑스포를 개최하여 발전을 당겼다. 이제는 그 이미지에서 벗어나 30년, 50년 후 대전의 모습이 될 시나리오를 깊이 고민해야 될 때가 되지 않았을까?

셋째로는 대전형 창조경제 활성화 방안을 찾아야 한다. 대전은 별다른 대기업이 없는 소비도시이다. 그러나 대덕연구단지에는 국가, 민간연구소와 카이스트 등 100여 개와 1,600여 기업이 포진해 있다. 그리고 전자. 자동차 그리고 의료. 생명공학 시설들과도 가깝다.

대덕밸리에 있는 1,000여 개의 벤처기업들은 연구, 특허 등 환경을 이용하여 왕성하게 활동하고 있다. 이들이 글로벌 강소기업이 되도록 적극 지원해 나가야 한다. 그리고 미국의 실리콘밸리 등에 있는 한인 IT 기업인들과 더 활발하게 교류하며 상생하면 좋을 것이다.

대전은 기업하기 힘든 지자체 중에서 상위권이라는 신문 기사를 본 적이 있다. 이유야 있겠지만 기업의 상처를 치유해 주려는 정성이 부족해서이지 않을까? 수년 전 광주에서 열린 세계한상대회에서 코글로 닷컴의 이금룡 대표는 피자 가게 종업원이 주문을 받을 때 “고객님, 피자를 몇 조각으로 나누어 배달해 드릴까요?”라 하는 고객감동서비스 정신을 배워야 한다고 한 말이 생각났다.

대전은 글로벌 도시로서의 환경이 잘 갖추어진 도시이다. 시민 모두가 글로벌 문화를 받아들이고 교류, 소통하자. 또 외국인의 불편한 점을 찾아 돕자. 그러면 최고의 명품 글로벌 도시가 될 것이다. ‘글로벌 대전을 위하여’ 건배해 보자.

(대전일보 2013.12.18.)

위기의 지방대 지역에서 살리자

대학교육협의회 등 자료에 의하면 2023년 대입정원은 40만 명 정도라고 한다. 특히 지방대학들이 위기를 맞고 있다. 대전지역에 있는 대학들도 금년 3월에 입학정원을 다 못 채운 대학들이 수 개에 달해 비상이다. 입학생이 줄어들면 재정의 악화로 시작되어 학사의 부실과 교육의 질 하락으로 이어진다. 지역의 인재들은 수도권으로 유출될 것이다.

일본은 2001년 '도야마 플랜'으로 "대학의 구조개혁 없이는 일본의 발전과 재생이 없다"는 구호 아래 국립대의 법인화와 대학의 통폐합을 단행했다. 또한 10개 분야에서 톱 30개의 대학을 중점 육성하고, 경제원리를 통해 경쟁력을 강화시켰다. 아울러 지방자치단체도 산학관(産學官) 협력으로 대학 살리기에 적극 나섰다.

미국은 민간협의체와 주정부 등 3자 공동으로 지방대학의 경영효율화를 위해 협력했다. 조지아주는 지역의 고교생이 지역대학에 입학하면 장학금을 지원하는 사례도 있다. 중국은 98년에 985 공정, 2006년에 111 공정을 통해 선택과 집중으로 100대 중점 대학을 육성하는 시책을 폈다.

지방대학은 지역의 산실 역할을 하고 있다. 지역의 경제와 산업, 문화와 역사, 그리고 사회와 긴밀하게 밀접하게 연계돼 있으므로 지자체와 산업체 그리고 지역주민이 먼저 나서서 살려야 한다. 지방대학의 발전 없이는 지역사회는 물론이고 대학의 경쟁력 나아가 국가의 발전도 기대하기 어려울 것이다. 한국은 세계 10위권의 경제대국이나 스위스 IMD에서 발표한 2021년 국가경쟁력은 23위이다. 뒷걸음치는 것은 대학 경쟁력의 부족도 그 원인의 하나일 것이다.

흔히 '위기는 기회다'라고 말하듯 대학이 처한 위기를 기회로 반전시키는 지역의 단결된 노력이 긴요한 시기이다. 특히 지자체의 역할이 중요하다. 대학 그리고 지역사회와 함께 전통 이어가기나 관광 · 녹색 · 복지 · 평생교육 등 다양한 니즈를 찾아내어 주민이 관심을 가지고 참여할 수 있도록 주도적인 역할을 할 필요가 있다. 외국유학생 유치를 공동으로 추진해도 좋다. 지자체의 자매. 우호도시와 지역의 대학이 같이 손잡고 나서면 좋을 것 같다.

지방대는 대학의 인적 · 물적 자원과 지역사회를 연계하는 지역친화적 수요에 부응하고, 그 대학이 가진 강한 분야 중심으로의 혁신적인 변화를 통해 '정원 감축'만이 아닌 백년대계를 위한 '구조개혁'을 이루어내야 한다. 또한 지역의 국 · 공립 · 전문대를 포함한

건양대학교 논산캠퍼스 전경

타 대학과의 협력 · 공유를 통해 조직의 효율성도 제고시키며, 진정으로 지역 사회와 기업이 필요한 '고향의 인재'를 길러내야 한다. 일본 히로시마의 슈도대학 등은 지역대학에 인턴을 보내고 취업하는 지역인재양성으로 성공한 케이스의 하나다.

우리 지역은 사통팔달의 교통망으로 대략 2시간 정도면 전국 어디고 닿을 수 있다. 행정 · 국방관련 기관이 많이 있고, 대덕연구단지, 카이스트 및 특허관련기관이 포진해 있다. 또 의료 · 생명 · 디스플레이 · 철강 · 화학 · 자동차 등 산업 클러스터도 가까이 있다. 지역의 대학들이 이러한 인프라를 공동으로 활용하며 산학협력 활동을 해나가면 효과가 더 클 것이다. 충청권에는 유학생과 고급 연구인력 등 100여 개국 이상에서 온 10만 여명의 외국인이 함께하고 있다. 지방대학이 지방자치단체와 함께 다양한 교류를 하며 노력하면 해외자매도시로부터의 유학생 유치도 가능할 것이다.

이제는 지역사회가 지방대에 대해 더 많은 애정과 지원을 할 시점이다. 충청권에서 우리나라 대학의 히든 챔피언(hidden champion)이 많이 나와 수도권에서 떨어진 지방(local)대학이 아닌 고향을 살리는 지역(regional)대학으로 거듭나도록 같이 힘을 모으자.

(대전일보 2014.7.24.)

재일동포의 남다른 고향사랑

이달 초 오랜만에 동경을 찾았다. 동일본대지진이 일어나기 4일 전에 귀국길에 오른 지 2년 5개월만이다. 동경은 나에게 특별한 곳이다. 먼저 30여년 외교관 생활의 마지막 임지였고, 또 하나는 충청도 출신 동포들과의 좋은 인연을 맺은 곳이다. 2008년 봄 우리 가족이 낯선 동경 땅에 떨어졌을 때 충청도민회 유기환 회장은 고향의 인심을 베풀어 주었다.

충청도민회는 대전, 충남, 충북 출신 동포들이 하나가 된 조직으로 타시도의 부러움을 사고 있다. 충청 지역 출신 동포의 수는 1만 3000명이다.

동경을 중심으로 하는 재일본 관동지구 충청도민회를 이끌고 있는 유기환 회장의 고향사랑은 남다르다. 매년 신년회 같은 모임을 통해 회원 간의 우의와 친목을 도모하고 있다. 또 고향과의 교류를 통한 애향심 고취를 위하여 회원들과 함께 대전엑스포와 안면도꽃

충청(대전, 세종, 충남, 충북) 출신 재일동포의 리더 유기환 회장님

박람회, 금산인삼축제, 백제문화제, 제천한방바이오엑스포 같은 충청권 행사에 적극 참가하는 열정을 보이고 있다.

2009년 대전 전국체전 때에는 재일동포선수단 인솔단장으로 참석한 바 있으며, 작년에는 대전시와 자신의 연고지인 동경 오다구(大田區)간에 교류의 물꼬를 트도록 주선하는 등 국제 교류의 중개 역할도 하고 있다.

유 회장은 고향사랑과 함께 우리의 예의범절을 전통 그대로 지켜오고 있다. 자녀들에 대해서도 조상에 대한 제사와 명절을 전수시키고 있다. 셋째 날 유 회장댁에 초대되어 갔을 때 벽에 걸린 손주들의 사진을 보니 하나 같이 색동저고리 등 전통 한복모습이었다. 부인은 김치와 나물 그리고 수육, 찌개 등 우리 음식을 맛있게 준비하였다. 비록 조국을 떠나 외국에 살아도 우리의 전통을 지켜 나가는 의지를 엿볼 수 있었다. 그는 또 본국의 문화 유씨 대종회 명예 회장직도 맡고 있다.

유 회장은 "도민회 창립 20주년인 내년 가을에 조촐한 기념행사를 준비하고 있다"며, 또 "이를 통해 도민회가 발전되는 계기가 되도록 힘을 기울여 나가겠다"고 힘주어 말한다. 그는 도민회 행사에 나오는 고향 동포의 숫자가 점점 줄어 고민이라고 한다. 더 걱정인 것은 청년들의 무관심이다.

일본의 재일동포사회도 고령화와 소자화(少子化)의 진행, 그리고 귀화, 국제결혼 등으로 동포들의 숫자가 매년 9천여명씩 자연 감소하고 있다. 65세 이상 고령 동포의 비율은 21%를 넘는다. 이에 따라 동포단체에 관심을 가지고 참여하는 동포들도 갈수록 줄어드는 위기를 맞고 있다.

유 회장은 앞으로 3,4세들에 대한 고향 방문을 장려하여 도민회가 활성화되도록 노력하고, 일본 열도에 고향을 알리는 사업을 전개해 나갈 것이라고 한다.

그는 "고향의 지방자치단체에서도 관심을 가져 주기 바란다"고 말했다. 도민회를 통하여 고향의 축제나 특산품을 알리고, 비즈니스 파트너 소개나 기술 이전 같은 분야도 협조 가능할 것으로 본다.

유 회장 일행은 오는 10월께 대전을 찾을 것이라고 한다. 2년 전 유 회장 일행이 대전에 왔을 때 같이 백제문화제 행사장에 참석도 하고 뿌리공원도 찾은 적이 있다. 이번에는 어디를 안내해야 할지를 고민해 보고 있다. 언제나 변치 않는 훈훈한 충청인심과 양반의 예의범절을 지키고 있는 유기환 회장이 오기를 기다린다. 동경에 가면 고향 소식도 전하고 훈훈한 인심도 나누며 상생의 비즈니스도 이야기해 보자.

(중도일보 2013.8.29.)

조선통신사, 이젠 '한 · 일우호사'로

지난달 18일 밤 필자의 몸은 색색의 야경이 멋진 부산항대교 밑을 지나는 부관훼리에 실려 있었다. 배 안에는 '통(通)'이라고 쓰인 검은색 셔츠를 입은 젊은 청년들이 많이 보였고 이들의 표정은 모두 들뜬 분위기였다. 필자도 부산에서 바다를 건너 일본에 간 것이 오랜만이라 설레는 마음에 일본 맥주와 한국 맥주를 번갈아 맛보며 배의 운항 위치도를 살폈다.

8월 19일 오후에 시모노세키에서 있었던 조선통신사 재현행사에 일반 참가자로 참가했다. 백종헌(부산시의회 의장) 정사(正使)의 뒤를 따라 청도기(淸道旗) 복장을 하고 국서를 든 대열의 길을 여는 것이 임무다. 가볍지 않은 긴 막대의 깃발을 앞에 든 채 1㎞ 이상 행진했는데 36도의 뜨거운 날씨였지만 잘 버텼다. 마침 시모노세키 바칸(馬關/시모노세키의 옛 지명) 마쓰리도 같이 열리고 있어 구경 나온 많은 시민들로부터 환영을 받았다. 특히 모녀로 보이는 두 일본인은 '우리는 하나예요' '미래를 위해 함께 가요'라고 한글로 쓰인 피켓을 들고 시위(?)를 해 우리 일행의 눈길을 잡았다.

부산문화재단에서 파견한 120여 명의 통신사 행렬 참가자들은 410년 전의 통신사와 다름없는 복장과 자세를 보여 주며 시모노세키와 이와쿠니 등지에서 참가한 일본 참가자들과 필담을 나누며 교류도 하였다. 한국과 일본은 유네스코 세계기록유산으로 공동 등재되게 하려고 4년째 민간차원에서 노력하고 있다.

부산문화재단은 매년 부산과 쓰시마, 시모노세키 그리고 시즈오카에서 행사하고 있는데 전과 달리 부산지역에서만 참가한다고 한다. 통신사의 출발이 부산이었지만 당시 한양을 떠나 충주와 상주, 밀양 등지를 거쳤으니 전국적인 관심과 다양한 시민단체 등의 참여가 필요한 것으로 생각된다. 일본은 통신사와 연관된 지자체, 민간단체가 함께 현지연락사무국을 운영하고 있다. 그리고 통신사의 지속 가능을 위해서는 재일본 한국 민단과 유학생 등 일본에 거주하고 있는 한국인들도 적극 참여하여 교류하는 계기가 되면 좋을 것이다. 그날 부산문화재단에서 진행한 행사의 준비와 진행은 완벽에 가까웠다.

2003년 당시 히로시마 체류 시 히로시마현 구레시 시모가마가리에서 있었던 조선통신사 재현행사에서 정사(正使) 역을 맡아 본 경험이 있다. 가문의 영광으로 생각하고 당시 사진을 잘 모시고 있다. 그때 행사를 마치고 우호 교류의 의미를 더하기 위해 산림청에 부

조선통신사의 길

탁해서 공수해 온 무궁화 묘목 100여 그루를 시모가마가리 쇼토엔(松濤園) 조선통신사 테마 공원에 심은 바 있다. 지금 그 무궁화가 얼마나 어떻게 자랐을까 궁금하다. 시모가마가리는 세토내해의 싱싱한 생선과 꿩 등으로 국 셋, 요리 15가지의 산해진미 요리로 유명한 고치소이치방칸이 있었던 곳이다. 고치소는 접대소(초대소)이며, 이치방은 가장 좋은집의 의미이다. 조선통신사들이 이곳에서 접대를 가장 잘 받았다는 뜻이다.

한류의 원조라고 할 수 있는 통신사는 1607년(선조 40년) 여우길 정사 등 467명으로 시작되어 1811년(순조 11년)까지 204년간 12회 지속되었다. 이들은 대륙의 최신 문물과, 시문, 서화 등을 일본에 전해 주었다. 당시 쇄국정책을 펴고 있던 일본은 신(믿음)을 교환

하는 통신의 나라는 조선과 유구(오키나와), 무역을 위한 통상의 나라는 중국과 네덜란드로 정하고 교류하였다. 통신사가 끊긴 지 200년의 세월이 지났지만 조선통신사 재현행사 등을 통해 한·일 간의 우호와 친선교류의 활동은 지속되고 있다. 이제 이를 한·일우호사로 바꾸어 보면 어떨까. 통신사가 오갔던 곳만이 아닌 다른 곳으로 범위도 넓히고, 4차 산업혁명시대를 맞아 미래에 두 나라가 상생할 수 있는 분야로 확대해 가며….

(부산일보 2017.9.14)

재외동포는 귀중한 '민족의 자산'

재외동포는 귀중한 '민족의 자산'이다. 외국에 살고 있는 우리나라 동포의 수는 180여 개국에 750만 명에 달한다. 남북한 인구의 10%인 이들은 중국에 270만 명, 미국에 217만 명, 일본에 90만 명, CIS지역에 53만 명이 살고 있다.

미국의 디아스포라 전문가 하리스 밀로나스 조지워싱턴대 교수가 "거대한 해외동포사회 존재는 한국에 큰 행운"이라고 말할 정도로 지구상 어디에 가든지 우리와 뿌리가 같은 재외동포(Overseas Korean)를 만날 수 있는 셈이다. 특히 올해는 하와이 이민 110년이 되는 뜻 깊은 해다.

재외동포는 '민족의 자산'이다. 그리고 '민족의 역사'요, '민족의 미래'다. 이들은 모국과의 가교로서, 우리 국력을 전 세계로 넓히는 민간외교관으로서 제 역할을 톡톡히 해왔다. 태풍 피해나 IMF 등 고국이 어려울 때나 대전엑스포, 88올림픽 등 국가적 대사 때마다 열성적으로 도와왔다. 6·25 때는 641명의 재일학도의용군이 참전하여 147명이 목숨을 바쳤다. 우리는 이런 사실들을 잊지 말고 기억해야 한다.

때마침 대전에서 재외동포가 참가하는 귀중한 행사가 연달아 개최된다. 지난 27일부터 4일간 '제13회 세계한민족여성네트워크(KOWIN)'가 대전컨벤션센터 등 에서 개최된다. 36개국에서 200여 명의 한민족여성지도자들이 참가하여 '미래 글로벌 인재 양성을 위한 한민족여성의 역할'에 대하여 토의하며 교류한다. 내달 29일부터 10월 2일까지 한밭체육관 등에서 열릴 '2013 세계한민족축전'에는 40여 개국에서 350명의 동포들이 참가하여 명랑운동회 등 친선행사와 함께 현충원, 뿌리공원 등도 둘러볼 예정이다.

이번 기회에 대전의 현재와 미래 청사진을 재외동포 참가자들에게 잘 설명하면 어떨까. 그러면 'It's Daejeon'을 외국에 알릴 수 있는 좋은 기회도 되고, 국제교류·협력의 채널을 다변화하는 부대효과도 얻을 수 있을 것이다.

필자가 해외에서 느낀 경험으로 보면 동포들은 대전에 대해 잘 모르고 있다. 그저 경부선과 호남선이 갈리는 교통의 요지 정도가 아닐까. '대전엑스포'(1993)를 개최했던 이곳에는 50여 개의 연구기관과 KAIST 등 세계적 수준의 대덕연구단지, 국가 신성장 거점이 될 국제과학비즈니스벨트, 동춘당과 뿌리공원 등 다양한 문화 볼거리, 아름다운 풍경을 자랑하는 대청호가 한데 어울려 있는 과학 · 문화 · 관광 복합도시임을 상기시켜 주자.

대전을 비롯한 우리나라의 지자체들이 외국의 도시들과 경쟁적으로 교류하는 이상 '민족의 자산'인 동포(단체)와도 협력한다면 잃는 것보다 얻는 것이 훨씬 더 많을 것이다. 현지사정을 잘 아는 동포들을 통하여 지방의 축제 · 이벤트와 특산물을 홍보 판매할 수도 있고, 첨단기술 · 정보를 보유한 우수인재들과의 교류를 통해 상호 윈-윈 하는 상생비즈니스도 충분히 개발될 수 있다.

현재 재외동포는 이주시기와 거주국 형편에 따라 정착수준이나 모국과의 관계정도가 천차만별이다. 가까운 일본의 경우, 고령화(高齡化) · 소자화(少子化)가 급속히 진전되어 동포 인구가 매년 9000여 명씩 줄고 있다. 현지화의 진전으로 모국에 대한 이해와 한국어 구사가 어려운 청년들의 90% 이상이 국제결혼을 하고 있고, 장기 경기침체 등으로 재일민단(한인회와 같은 성격)의 운영도 어려움을 겪고 있다.

이런 상황에서 재외국민은 2012년 4월 국회의원선거와 12월 대통령선거의 유권자로 당당히 참여했다. 첫 술에 배부를 수 없듯이 이들의 국정참여로 재외동포의 위상이 올라가고 동포사회가 더욱 활성화될 것으로 기대된다.

또한 재외동포재단은 신정부 출범 이후 '민족의 자산'인 동포들의 민족 정체성을 위하여 한글교육 강화와 차세대 육성에 앞장서고 있다. 750만 동포를 하나로 묶는 Global Korean Network 구축사업을 운용하고 있고, 코리안넷(korean.net)에는 12만 명의 재외동포와 2만여 한인단체 DB가 수록되어 있다.

더 이상 재외동포는 멀리 있는 존재가 아니다. 언제든지 활용할 수 있는 소중한 자산으로 우리 곁에 이미 다가와 있다. 이들과 어떻게 교류 · 협력하고, 얼마나 상생 · 발전하느냐에 따라 대전의 미래 변화는 물론 대한민국의 신성장 속도까지 달라질 것이다.

(대전일보 2013.8.28.)

뉴커머 한인들은 재일동포사회의 활력소다

일본 히로시마한인연합회 신년회에 다녀왔다. 간김에 야마나시현과 도쿄에도 들렀다. 히로시마는 2002년 한일공동개최 월드컵축구대회 때 3년간 주재했던 곳으로 필자에게는 '일본의 고향'인 셈이다.

이날 밤 행사가 열린 히로시마 유학생회관 홀에는 자영업이나 국제결혼으로 영주하는 분들, 교수, 강사 등 직장에 나가는 분들과 카지노 회사의 주재원, 유학생 등 다양한 부류의 한인(New Comer)들이 보였다.

민단과 일한친선협회 멤버들도 얼굴은 보인 것은 물론이고, 2007년부터 방학 때 한국 대학생들을 초청하여 일본생활 체험과 시민들과의 교류 프로그램을 진행하며 우호친선을 도모하고 있는 유아이(友愛)아카데미 사사키 이사장 등도 자리를 함께 했다. 행사 후 참석자들은 잡채, 떡, 부침, 막걸리 등 한국음식과 전통 음악, 노래,

춤을 즐기며 교류하는 시간을 보냈다.

일본여성과 결혼 후 20여 년 째 거주하고 있는 박대근 씨는 "유학을 마치고 정착하는 등 뉴커머 한인들이 늘어나면서 고령화와 일본문화에 익숙한 동포사회에 활력소가 되어 가고 있다. 옛 조선통신사가 왕래하는 길목이었고, 원폭피해자 위령비가 있는 히로시마는 민간교류의 신작로가 될 수 있을 것이다"라고 말했다.

도쿄 신주쿠 신오쿠보도오리 한국거리

2018년 9월 발족한 히로시마한인연합회는 2001년 5월 도쿄에서 생긴 재일한인연합회(초대회장 김희석)이후 관서(오사카), 가나가와(요코하마), 중부(나고야), 규슈(후쿠오카)에 이은 여섯 번째 한인회다. 일본의 뉴커머 한인들은 1965년 한일수교 이후 정착하기 시작한 신정주자들이다. IT 이외 다른 직종의 인력도 진출이 예상되니 우리 청년들의 상륙은 더 늘어날 전망이다.

한인회는 코리아페스티벌이나 거리청소하기 등 지역 특색의 행사와 교류, 한국어스피치대회, 김장담그기 등 문화 소개, 그리고 한일청년포럼, 청년리더육성 프로그램 운영과 장학금 전달 같은 차세대 사업도 펼치고 있다. 2017년에는 재일본한인총연합회(회장 구철)로 전국 조직화하고 동포사회와의 소통과 협력을 통해 상생을 도모하고 있다.

민단은 1946년 10월 3일 재일본조선거류민단으로 출발했다. 6.25 동란 때에는 644명의 학도의용군을 파견하였고, 지문날인철폐 등 권익운동도 벌였다. 그리고 모국 투자 이외에 독립기념관건립, 수해의연금, 대전엑스포(1993년) 개최를 지원했다. 또 IMF 위기 때에는 870억 엔을 송금하는 등 항상 모국과 함께해 왔다.

하지만 올드커머 동포사회는 소자화(少子化), 고령화 진행 그리고 연 5천 여 명씩의 귀화 등으로 매년 8천 여 명씩 감소되고 있다. 1944년에 193만 명이었던 동포의 수는 46만3천명으로 줄었다.

민단은 일본 전국에 47개 지방본부와 산하에 부인회, 상공회, 청년회, 체육회 같은 훌륭한 조직을 가지고 있다. 그러나 고령화와

3-4세(전체 50% 이상)들의 참여 부진으로 운영에 어려움이 많다. 이미 야마나시현 등 지방본부 그리고 도쿄 등 몇 곳 지부의 경우 뉴커머 출신들이 리드해 나가고 있다. 이러한 현상은 앞으로 더 늘어갈 추세이다.

민단은 시대에 부응하는 조직으로의 변화를 위해 몸부림치고 있다. 그 예로 민단생활상담센터 운영이나 데이케어 사업 등을 추진하며 생활자 단체임을 알리고 있다. 또 차세대육성을 위하여 청소년 모국방문교류 사업을 해나가고 있으며, 본국과의 유대를 위하여 민단 70주년(2016년)을 기해 서울, 대전 등지를 다니며 사진 전시회를 가진 바 있다.

후지산 아래 코후(甲府) 야마나시현지방본부 이정형단장은 말한다. "운영해 보니 어려움이 많다. 나이 드신 2세들의 참여는 점점 더 어려워지고, 3-4세들은 거의 도쿄, 오사카 등 대도시로 나가 살고 있다. 귀금속협회 회원과 뉴커머 한인들, 유학생들의 참여와 SNS를 이용한 소통 확대로 위기를 기회로 바꾸어 나가겠다." 그는 30여년 전에 온 귀금속기술자 출신 사업가이다.

역시 40여년 전 도쿄 우에노에 정착하여 도쿄민단 타이도지부를 운영하고 있는 염순택 단장이 있다. 귀금속 1세대 출신인 그는 재임

중 하고 싶은 3가지 염원 중 하나인 차세대육성을 위해 묵묵히 실천해 나가고 있다. 귀금속협회 회원들이 많은 지역의 특색을 살렸다. 영어 일본어 한국어 강좌와 친선 활동 등 프로그램 운영을 통해 뉴커머와 동포간의 교류를 늘리며 활성화를 꾀하고 있다.

칠순 넘은 재일동포사회의 변화는 그리 쉽지는 않은 상황이다. 그러나 언제나 위기는 기회다. 모두 마음을 열고, 손을 마주잡고, 그리고 소통하면 기회를 만들 수 있다. 3대가 함께 하며 즐기는 100세 시대의 건강하고 팔팔한 재일동포사회를 기대해 본다.

(월드코리안 2019.2.11.)

21세기 동북아시대…
차세대 코리안이 나간다

7월 중순 도쿄에 다녀왔다. 10주년을 맞는 세계한인무역협회(OKTA) 치바(千葉)지회의 열 번 째 차세대무역스쿨 교실이 열리는 황궁 옆 회의장의 열기는 후끈했다. 붉은색 셔츠를 입은 90명의 차세대 코리안들의 눈은 빛났고, 2년 전에 비해 참가자 수도 많았다. 나는 강의도중 의도적으로 질문을 던지며 소통했다.

이들은 중국의 길림성 등 동북3성에서 태어나 일본에 취업, 유학 등으로 나와 정착한 젊은이들로 21세기 동북아 시대를 이끌 화상(華商)이요, 한상(韓商)이다. 국내 경제단체, 기업들도 이들과 교류하며 상생할 수 있는 길을 모색해 나가면 좋을 것이다.

차세대 코리안들은 중국과 일본 그리고 한국에 대해 잘 안다. 특히 세 나라의 언어를 구사하며, 사회주의와 자본주의 사회를 모두 경험한 가장 준비가 잘된 글로벌 인재이다. 나는 이들을 "동아시아인"이라고 부른다. 중국조선족 동포들은 1992년 한중수교 이후 한중교류 증진을 위하여 음지에서 많은 기여를 해 왔으나 제대로 평가를 받지 못하고 있는 것 같다.

앞으로 정세의 변화에 따라 어떤 중요한 역할을 할 때가 오지 않을까? 20여 년 전 200만을 넘었던 중국조선족들은 시대의 변화에 따라 3-3-3 세 등분으로 흩어져 살고 있다. 조상의 나라 한국으로, 산해관 아래 중국과 해외로, 나머지는 연변 등 고향 동북3성을 지키고 있다.

이번에 만나 이야기를 나눠 본 청년 중에는 게임, 교육 등 IT 분야 사업을 하거나 일본계회사에서 근무하는 직원이 많았다. 이름도 예쁜 최매화(28세, 연길)씨의 경우는 유창한 3국 언어를 무기로 NHK 국제부에서 일한다고 뽐낸다. 변호사 등의 인재도 만났다.

허영수 치바 지회 고문(건축설계업)은 "일본에는 약 7~8만 명의 조선족 동포가 살고 있다. 그중 4~5만이 도쿄에 살고 있는데 부모들이 한국에서 돈을 벌면서 자녀를 일본에 유학시켜 정착시키는 사례가 많다. 일본에 있는 동포들은 '쉼터'(shimto.com)라는 사이트를 통해 비즈니스 정보 교류도 하며 외로움을 달래고 있다"고 말한다.

치바 지회 이태권 회장(연길)은 동경에서 이벤트 용품 무역업과 신오꾸보 한인거리에서 연변 요리집 "金達萊"(진달래)를 운영하며 기반을 잡은 케이스이다. 그는 "비록 더 나은 삶을 위해 조국인 중국과 모국인 한국을 떠나 일본에 와 거주하고 있지만 한민족에 대한 자부심과 유대감은 진하다"며, "서기 716년 1,799명의 고구려 유망민이 와서 정착했던 사이타마 현 히타카 시(日高市/1300년 전 高麗郡)에 진달래 공원을 만들어 동아시아인들이 교류하는 쉼터로 만들어 보는 꿈을 이루어 보고 싶다"고 말한다.

필자는 해외생활(7개국, 20여 년) 경험에서 느낀 바를 이야기를 해달라는 질문을 받고 L-N-L-C-C를 강조했다. 첫째, Localization(현지화), "로마에 가면 로마법을 따르라"라고 했듯이 현지인과 같이 살아가고, 두 번째 Network(인맥), 아무리 정보화 시대이지만 직접 만나 교류하며 두텁게 친분을 쌓아가고,

세 번째 Lifelong Education, 그 나라의 언어와 문화, 역사를 끊임없이 공부하고, 네 번째 Customer First(고객제일), 사람은 만나는 순간부터 파트너 관계가 이루어진다고 했다. 누구든 찾아오면 최상으로 대하고 "No"라는 말을 하지 말고, 다섯 번째 Communication, 소통이 중요하다는 것은 잘 알고 있어도 쉽지 않다. 먼저 메일 보내고 전화하며 점심에 초대하라고 주문했다.

교류 연회에서 전통무용 공연이 끝나고 〈대장금〉, 〈이산〉 주제

음악이 나오자 자연스레 모두 일어나 큰 원을 만들어 돌며 하나가 되는 의미 있는 장면이 연출됐다. 앞으로 차세대 코리안들은 세계 70개국 140여개 OKTA지회를 통해 다양한 한민족 기업인들과 교류하며 우리의 한류 영토를 더 뻗치게 하는 프론티어 역할을 해 나갈 것이다.

필자는 이태권 회장에게 앞으로 기회가 되면 국내 경제단체나 지방자치단체 그리고 시민단체와도 교류를 해나가며 네트워크를 확대해 나갈 줄 것을 요청했다. 출장에서 돌아와 보니 이번 동경에 가서 만난 젊은 예비 기업인들로부터 여러 건의 메일이 쌓여 있어 기분이 좋았다.

일본에는 유학생 등 10여만 명의 동포들이 살고 있다. 치바지회는 동포사회의 구심점이 되고 있으며, 여성회 같은 조직도 생겨났다고 말했다.

현재 120여 명의 옥타회원들은 IT, 무역, 교육, 서비스 등 다양한 분야에 걸쳐 일하고 있다. 이들은 일본 내 사업도 하고 있지만 일-중, 일-한, 그리고 한-중-일 3국이 연계되는 비즈니스를 하는 글로벌 기업인이 많다. 허영수 명예회장은 연변대를 나와 일본 유학을 마치고 건축설계 등 사업으로 성공한 기업인으로 꼽힌다. 그는 최근에 온천휴양지 아타미에 중국자본을 유치하여 호텔을 하고 있는데 재미를 보고 있다고 귀띔한다. 허 사장은 "앞으로 치바지회 회원들이 한국과의 교류를 더 늘려 가도록 하겠다"라고 말했다.

21세기는 동북아시대다. 중국의 G2부상으로 한중일 세 나라는 세계의 무역과 GDP 그리고 인구에서 대략 20%대를 점하고 있다. 외화보유고 점유율은 40%대이다. 3국의 경제 규모는 머지않아 EU와 NAFTA를 넘어 세계 최대의 경제권이 될 것이다. 앞으로 지역경제권간의 경쟁은 더 치열해질 것이다. 그중 아시아가 통합이 가장 약하다고 볼 수 있으므로 세 나라의 협력이 필요한 때이다.

중국동포들은 중국에서 나고 자란 한민족이다. 중국 국적을 가지고 중국어와 한국어를 구사한다. 일본에서 사업을 하고 있는 옥타 회원들은 한중일 3개 국어에 능통하고 문화도 잘 안다. 이들은 21세기 동북아 시대 최고의 글로벌 "화상(華商)이요, 한상(韓商)이다" 동포들은 1992년 한중 수교 전부터 지금까지 우리의 곁에서 많은 기여를 하고 있다. 이제는 한 단계 더 높은 역할을 하도록 함께 손잡고 노력을 할 시점이라고 생각된다.

(대전일보 2014.8.21.)

고려인과의 만남…
기회의 땅 연해주

지난 해 말 블라디보스톡에 갔을 때 현지에서 병원 사업을 하고 있는 안위남 원장(중국동포)의 주선으로 고려인 어르신 몇 분을 만났다. 고려인(카레이츠, 카레이스키)은 러시아와 중앙아시아 지방에 살고 있는 한인으로 1860년대부터 궁핍과 나라를 잃은 극한 상황에서 조선 땅을 뒤로 하고 연해주로 이주한 유민(流民)이다. 이들은 러시아인들에게 스스로를 카우리(kauli)라고 했다. 고려(高麗)의 중국어 발음 "까오리"와 비슷하다. 러시아의 극동 연해주는 옥저, 부여 그리고 고구려, 발해 등 옛 한민족의 터전이었다. 고려인들은 1천여 년 간 단절됐던 우리민족의 맥을 이은 것이다. 이들은 이를 잊지 않고 또 러시아인들에게 과시하기 위해 "고려인"이라고 자칭했다고 한다.

최 스베틀라나(82)씨는 눈물을 글썽거리며 말한다. "1937년 9월

카자흐스탄 랄라가스 벌판에 강제로 내던져 손으로 땅굴을 파고 원시인처럼 살았어요. 애써 벼농사 지어 놓으면 다 뺏어가 이삭 주워 연명했지요. 2005년에 연해주로 돌아왔는데 생활이 빳빳하다". 김 알렉산드르(87)씨도 당시(6세)의 기억이 생생하다며 이야기한다. "우리가족 8명은 연해주에서 6천Km 떨어진 우즈베키스탄으로 강제이주 된 후 한 달간은 들판의 갈대를 꺾어 거처를 만들어 살았다. 그 때 동생이 병으로 사망했다"며 눈시울을 붉힌다. 조 하리똔(85)은 "일곱 살 때 우즈베키스탄의 타시겐트주로 강제이주 돼 1년 후 아버지가 감옥에서 사망했다. 그 확인 통지는 2002년에나 받았다. "고려인은 국영농장에서도 안 받아주었고 군대에서도 뽑아주지 않았었다"며 긴 한 숨을 짓는다.

고려인의 강제이주는 1933년 일본의 만주국 수립과 1937년 중일전쟁 등 팽창한 일본 군국주의로 인한 일-소관계의 악화에서 기인한다. 소련은 1937년 8월21일 원동(遠東)지방에서 일본첩자들이 침투하는 것을 차단하기 위한 것이라는 구실로 17만 명을 강제 이주 시키라는 명령을 내렸다. 일제에 맞서 싸워온 고려인을 오히려 일제의 앞잡이로 본 것이다. 첫 열차는 1937년 9월9일 블라디보스톡에서 50량을 달고 출발했다. 고려인들은 피땀으로 일군 삶터에서 내쫓겼다. 어린아이, 노인 그리고 중환자, 임산부 구분 없었다.

연해주 우수리크스에서 만난 고려인

처음에는 사유재산과 농기구, 가축을 가져갈 수 있다고 명령했었으나 실제적으로는 최소한의 식량과 옷가지만 가지고 갔다. 1937년 그해는 연해주의 농사가 풍년이어 더 가슴 아팠다고 한다. 노인들은 조상의 산소에 가서 마지막으로 절하고 흙을 한줌씩 가져갔다. 또 소유하고 있던 가구와 부동산 그리고 농작물에 대한 보상도 없었다. 고려인들은 볍씨를 베개에 숨겨가지고 가서 카자흐스탄에서 중앙아시아 최초로 벼 재배를 시작했다.

고려인 강제이주는 미리 준비된 것이었다. 이미 1920년~1930년대 초에 고려인 3천명을 오지로 쫓아내며 '실험'을 했고, 저항을 막기 위하여 관리직, 언론인, 의사 등 2,500명 이상의 지식층들을 대대적으로 검거했다. 소련은 고려인 강제이주 이전에 폴란드, 독일, 이란인 등도 강제이주 시켰으나 10만 명 단위의 총체적인 민족이주는 고려인이 처음이었다.

강제이주는 연해주 이외 북사할린, 콤소몰스크, 부라트공화국 등에 거주하는 고려인까지 모두 색출하여 이송됐다. 이중에는 홍범도 등 애국투사들도 많았다. 강제이주는 2-3일전에 겨우 통지 받고 가축을 싣는 녹슨 화물열차에 짐짝처럼 태워져 이뤄졌는데 어디로 가는지도 모르는 깜깜한 한 달간의 '검은 상자'안은 지옥살이였다. 고려인들은 유리창 없이 널빤지로 막은 문만 있는 열차 칸을 '검은 상자'라고 불렀다. 그 해 12월까지 총 3만6,442가구, 17만1,781명을 카자흐공화국(9만5,256명)과 우즈베크공화국에 실어 날랐다. 영하 40도까지 내려가는 혹독한 추위와 열차 전복 사고, 굶주림, 질병 등으로 2만여명이 목숨을 잃었다.

연해주는 간도의 용정과 함께 항일운동의 중심지였다. 포시에트, 블라디보스톡, 우수리스크 등은 만주에 비해 일제의 간섭과 탄압이 덜해 이상설, 이범진, 이동영, 최재형, 홍범도, 안중근 등의 주요 활동 무대였다. 연해주의 항일독립운동은 '기록되지 않은 독립운동사'로 고려인들의 항일투쟁이다. 다행이 3.1운동 100주년을 기해 서서히 비춰지고 있다.

러시아 연해주의 블라디보스토크
한인집단 거주 '신한촌' 기념비

현재 연해주에는 약 3만 여명의 고려인들이 살고 있다. 김 니콜라이(고려인협회 회장)같이 성공한 경우도 있지만 대부분이 근근이 살아가고 있다고 한다. 최근에는 음식업 등 여행객 대상의 자영업을 하러 오는 한인들이 늘어가고 있다.

우수리스크는 발해(698~926)의 솔빈부 터이다. 안 원장은 밭 갈다가 나왔다는 옹기 그릇 조각 하나를 구해주었다. 이 부근 미하일

로프카에 빨간 벽돌로 지어진 고려인 정착촌 '우정마을'(30가구)이 있다. 중앙아시아에서 돌아온 고려인들을 위해 1999년 대한주택건설협회 지원으로 조성됐다. 마을에 한국어와 장고 등을 가르치는 한국어학당도 보였다. 또 멀지 않은 곳에 '고향마을'이 있다.

최 니끼따(67)는 말한다. "모국의 지자체와 단체의 지원으로 농산물을 가공하고 있다. 값이 싼 콩(kg당 500원)으로 두부, 청국장, 떡, 콩기름을 만들고 있다. 그 중 콩기름은 한국으로 보내고 있다. 고려인사회의 고령화로 일꾼이 없어 요즘은 중국인들이 들어와 농사를 짓고 있다." 이 역시 안타까운 현실이다. 안 원장은 말한다. "몇 년부터 중국인과 우즈베크인들이 와서 빈 공장을 임대하여 생필품을 제조하는 공장을 운영하고 있다. 조선족동포들도 한 때 수천 명에 달했으나 사업부진과 까다로운 비자 정책으로 지금은 수백여 명으로 줄었다."

필자가 한 달 사이 연거푸 두 번째 연해주를 방문하며 느낀 점이 있다. 불과 2시간대의 가까운 곳에 광활한 토지와 자원 그리고 고려인이 있다. 또 중국동포도 있다. 최근 들어 한인들의 진출도 늘고 있다. 옛 고구려, 발해의 후예들이 다시 네트워킹하며 한민족의 기개를 떨쳐나가고 있는 현장이었다. 얼마 전 고려인들의 출입국 제도를 개선할 것이라는 기쁜 뉴스를 접했다.

국내로 영주 귀국한 4만5천여 고려인들은 안산, 광주, 제천 등지에 살고 있다. 고려인들의 고난과 슬픔의 역사를 제대로 더 발굴하여 널리 알리자. 그리고 후세들의 정체성 유지를 위하여 우리말과 문화. 역사 등 교육과 차세대 네트워크 육성에 민과 관이 손을 잡고 힘써 나가자. 옛 고구려와 발해의 땅, 한민족의 정기가 서린 연해주는 기회의 땅이다. 180개 국가의 743만 동포와 같이 잘 들여다 볼 곳이다.

(월드코리안 2019.3.6.)

한일관계, 민간교류로 치고 나가자

최근 일본 도쿄에 다녀왔다. 4월에 이은 올해 두 번째 방문이었다. 필자는 한일관계 분위기가 달라지는 기미가 있는지를 느껴보려는 마음에 발걸음은 서점으로 눈은 TV와 신문기사에 쏠렸다. 서점에 들어서자 가장 중심자리에는 한국역사의 진실을 파헤친다거나 삼성전자의 와해 시나리오 등 한국을 독하게 때리는 책들이 요지에 진열되어 눈에 띄었다. 며칠 전에는 군마현의회가 극우단체 등이 다카사키시 군마현립공원에 있는 조선인 · 한국인강제희생자 추모비를 철거해 달라는 청원을 다수로 통과시켰다는 신문 보도도 있었다.

한일관계 악화이후 직격탄을 맞고 있는 일본 최대의 코리아 타운인 신주쿠 오구보도오리도 여전히 썰렁한 분위기였다. 3년 전 같이 북적대거나 줄서는 풍경은 안 보였다. 26년 전 일본에 와 유학을 마치고 식품 유통 및 가공 그리고 식당을 경영하고 있는 서울 마켓 진영섭 대표는 “매출이 30% 이상 줄어 한 때 200명이었던 직원의 수가 지금은 130명이 되었다” 며 한숨을 쉬었다. 또 부동산업과 유학업을 하고 있는 동경유학생모임의 고경훈 대표는 “한인업소의 매출감소로 빈 가게가 늘어가고 있다. 새 주인은 중국인들이 차지하고 있다”고 말했다.

우에다 무네하라(53)씨는, 시마네현 출신으로 학교에서 이지메 등으로 탈락한 학생들을 대상으로 하는 교육 사업을 하고 있다. 필자와는 12년 간 교류하며 친분을 쌓아 온 사이다. 그는 “민간교류는 어떤 일이 있어도 중단되는 일이 있어서는 안 된다”며 손을 꼭 잡았다.

지난 6월 말 필자가 급하게 일본지역 인턴십 희망 학생 4명 중 2명을 자신의 회사에서 맡아 달라고 부탁하자 흔쾌히 받아주었다. 그리고 얼마 전에는 직접 논산까지 와서 대학 시설을 둘러보고 인턴십에 참가할 학생들을 만나본 후 필자의 흑석동 시골집까지 들르는 뜨거운 우정을 보여 주었다. 정말 고마웠다. 그의 말대로 교류는 중단 없이 진행되어야 한다.

이제 장마도 걷히고 휴가철이 되어 해외로도 많이 나가 교류를 하는 시즌이 왔다. 해마다 청소년 교류단체나 학교들은 방학을 이용하여 축구나 검도 등 스포츠와 합창, 연극 등 문화 교류를 진행하고 있다. 이번 여름에도 중단하지 말고 계속 되기를 바란다. 필자가 몸담고 있는 대학에서도 이달 말에 일본에 대표단을 파견하여 서로

연말행사에 참석 교류(히로시마)

간에 필요한 분야에서의 교류를 늘리는 방안을 협의할 예정이다.

지난달 중순 대전에 있는 한국칭찬운동연구협회는 일본칭찬달인협회 임원들을 초청하여 세미나를 열고 교류 협약식도 가졌다는 중도일보 기사를 읽은 바 있다. 일본에 6년간 살았던 필자에게는 기쁜 뉴스였다. 한일 간에 민간교류는 정치적 갈등에 상관없이 중단하지 말고 꾸준히 이어 나가야 한다. 그리고 다양하게 더욱 확대돼야 한다. 부모세대가 먼저 좋은 모습으로 본을 보여주어 자녀세대까지 화합하는 모습의 전통이 이어져 나가야 한다.

현재 우리나라와 일본의 지방자치 단체 간에 자매관계나 우호관계를 맺고 있는 수는 160여 단체에 달한다. 대학이나 라이온스 클럽 등 사회, 시민단체 민간 교류의 수까지 세자면 한참 시간이 걸릴 것이다. 그만큼 많이 있다. 영유권 문제 등이 불거져도 서로 도움이

대학생 교류차 한국을 방문한 일본학생들과 판문점 방문(1992년)

되는 분야의 교류를 잘 하고 있는 곳도 있지만 정서와 분위기를 이유로 교류를 중단하거나 보류하는 사례도 있음을 주변에서 종종 볼 수 있다.

그러나 중단하지 않고 20년 이상 한국으로 수학여행 오는 고등학교가 있는가 하면 3년 전 동일본대지진 때에도 중단하지 않고 이어오는 '틴지락 아시아 청소년 음악행사'도 있다. 지난달 25일 인천에서 열린 행사에는 하시모토 이바라기현 지사도 참석했다. 두 나라는 비행기로 불과 2시간 이내의 거리의 가까운 이웃이다. 서로 옛날 시골 동네의 사촌처럼 자주 오가면 이해의 폭도 넓혀지고, 우호 친선의 열기는 정치적 갈등으로 굳어진 장벽도 쉽게 녹여 버릴 것이다. 앞이 잘 안 보이는 안갯속의 한일관계, 중단 없는 민간 교류로 치고 나가자.

(중도일보 21014.7.31.)

'정글만리' 견문록

지난 10월 초 절강성 항주와 안휘성 황산에 다녀왔다. 중국에서 부자가 가장 많다는 항주는 상해에서 남서쪽으로 180㎞ 떨어진 인구 800만 미인의 도시다.

공항에 마중 나온 동포 이기문 군은 "한국에는 반기문, 중국에는 이기문이 있다"고 소개했다. 그리고 이곳에서는 일본말을 하지 말아달라고 주문하였다. 작년 말 북경에 갔을 때 택시 운전사가 대뜸 "일본인이냐, 한국인이냐"하는 물음을 당했던 일이 생각났다. 하루빨리 오순도순 잘 지내는 날이 오기를 손꼽아 본다.

항주는 예로부터 "하늘에는 천당, 땅위에는 소주, 항주가 있다"라고 불려오며 마르코폴로도 칭찬했던 곳으로 월나라와 남송의 도읍으로 중국 8대 고도의 하나다. 고려의 대각국사 의천이 서호부근 혜인사에 머무르며 불교교리를 배웠다는 인연도 있다.

둘레 15㎞의 아름다운 서호부근을 지나다보니 BMW 같은 외국

브랜드차가 홍수를 이뤘다. 제주도에 와 땅을 사들이는 중국인 가운데는 이곳 부호들이 많다고 한다. 항주시내 택시인 현대차도 분주하게 거리를 누비고 있었다.

항주에서 황산으로 가는 길에서 보이는 2~3층의 빨강색 지붕 건물옥상에는 옥탑방 모양의 정자 모습이 눈에 뜨인다. 조상을 모시는 곳이라고 한다. 좁은 나라에서 아직도 산을 해치고 있는 우리와는 다른 면을 볼 수 있다.

안휘성에 들어서니 까만 지붕에 흰색의 건물들이다. 흰색의 나라에 온 느낌이다. 벼루와 먹의 고향인 안휘성은 산지의 비율이 높다. 가난해서 "먹을 것이 없으니 먹물 먹고 출세한다"는 말대로 예로부터 관리들을 많이 배출했다고 한다. 장쩌민 전 주석의 조상과 후진타오 전 주석 그리고 리커창 총리 등이 이곳 출신이다.

중국 남부 광서성의 자연 모습

또 산서성의 진상(晉商)과 함께 중국의 상권을 휘둘렀던 휘상(徽商)도 유명하다. 황산의 한 쇼핑센터에서는 아예 한국에서 모셔 온 직원들을 배치하여 매상에 열을 올리며 옛 실력을 발휘하고 있었다.

저녁 6시가 넘어 밖은 어두워졌으나 가로등과 방에 불이 켜져 있는 곳은 아주 드물었다. 검소한 생활 아니면 강제로 절전을 하도록 하는 것일까? 낭비색이 짖은 가로등과 찬란한 간판의 우리와는 대조적인 모습이다.

고속도로를 지나는 긴 트럭들은 엄청난 양의 화물을 싣고 질주한다. 과적 벌금을 물더라도 많이 싣고 다녀야 돈을 번다고 한다. 특이한 것은 야채 등 민생물자를 실은 차에게는 통행료를 면제해 준다고 한다.

사천성 성도에서 발견한 파리바게트

중국의 10대 관광명소인 황산을 찾는 사람들은 톨게이트를 지날 때 미인을 만난다. 현지 가이드가 요금소에 앉아있는 직원들이 모두 아름답다고 해서 살짝 훔쳐보니 정말 미인들이다. 관광객 유치 증진을 위한 미인계일까?

황산은 1990년 유네스코 자연유산으로 지정되었다. 등산로 주변에는 소화전과 쓰레기 버리는 곳이 마련되어 있었다. 그리고 '티아오산공'으로 불리는 짐꾼들이 산위에 있는 여관의 세탁물과 음식물들을 어깨에 메고 산 밑으로 운반하고 있었다.

처음 간 화동(華東)지방의 항주. 황산 여행은 G2로 성장한 '정글만리' 중국의 자유여행객이 늘어나 값싼 패키지 상품은 도태될 것이다. 우리도 숙박과 음식 그리고 언어소통 개선에 같이 힘을 기울이고 이웃을 따뜻하게 맞이하자.

(중도일보 2013.10.31.)

실속 있는 여행지 '괌 아일랜드'

'하파디!'

제주도에서 비행기를 타고 동남으로 4시간 날아가면 태평양에 떠있는 아름다운 섬 괌이다. 수천 년부터 살고 있는 원주민 차모로(Chamorro)인의 인사말이다.

나는 올 6월말로 정년퇴임 만 세 해를 맞았다. 세월이 빠른 것인지 아직은 실감이 나지 않는다. 금년 초 괌에 근무하는 직장 후배로부터 "한 번 놀러 안와요" 하는 전화를 받았다. 작년에 이은 두 번째 성화(?)다.

그도 이제 8월에는 귀국하여 연말에는 정부미(政府米) 먹다가 일반미를 먹어야 하니 군대로 치면 말년인 셈이다. 나는 그간 숙제를 못해 고민해 오다가 5월 하순 대전의 지인 2명과 함께 점심을 들다가 여행이야기 끝에 의기투합하여 6월 14일 토요일 저녁 비행기에 몸을 실었다.

인천을 떠난 육중한 몸매의 보잉 항공기는 제주도 상공을 지나 북위 13도 28분, 동경 144도 47분에 있는 괌에 착륙했다. 미국령으로 가장 서쪽에 있어 미국의 하루가 가장 먼저 시작하는 곳이다. 동쪽은 태평양이고 서쪽은 필리핀 해이다. 위로 멀지 않은 곳에는 사이판이 서남향으로는 팔라우 섬이다.

괌 섬은 남북의 길이가 48킬로, 동서는 14-20킬로로 면적이 541 평방 킬로이다. 서울시보다 조금 작다. 북쪽은 절벽이 많고 남쪽은 작은 만으로 그리고 중앙은 400여 미터의 산줄기다. 호텔이 밀집한 투몬(Tumon) 지역에서 1번 도로를 타고 남쪽으로 내려가 2번과 4번 그리고 10번, 15번 도로로 연결되는 해안 일주 도로는 환상적이다.

괌은 우리에게 어떤 인상일까? 전에는 신혼여행의 휴양지 또는 우리의 방위에 중요한 미군기지. 그러나 지금은 실속 있는 관광지로 부르고 싶다. 괌은 관광으로 먹고 사는 휴양관광지이다.

최대 고객은 역시 일본인, 입국자의 80%가 일본 관광객이라 한다. 거리를 산책하다가 보니 명품 매니아 일본인들과 스시 식당들이 눈에 띠였다. 오사카 서쪽 주고쿠(中國) 지방의 중심도시 히로시마와 수도 동경에서 각각 3년씩 살았던 나에게는 낯설지 않은 풍경이었다.

괌 섬 북쪽 리티티안 해안에는 우리에게 친숙한 앤더슨 미 공군기지 그리고 중남부에 아프라 해군기지가 있다. 가끔 한반도 사태가 긴박할 때 뉴스를 타는 전투기와 항공모함 발진 기지이다.

괌은 1521년 마젤란이 세계일주하다가 발견했다. 그 후 스페인이 통치하다가 1898년 미-스페인 전쟁에서 미국이 이겨 미국령이 되었다. 괌의 인구는 17만 6천명이다. 차모로어와 영어를 공용어로 쓰고 있다. 아직 스페인어도 많이 남아 있다.

아디오스(헤어질 때 인사),아미고(친구) 등… 괌에는 원주민인 차모로인 이외 미국, 필리핀, 중국(본토, 대만, 홍콩), 베트남, 일본, 미크로네시아 그리고 한국인 등 다양한 민족의 사람들이 살고 있다. 현재 4천여 명의 한국인이 거주하고 있으며 연간 방문객은 30여만 명이다. 1997.8.6 대한항공 여객기가 착륙하려다 공항 부근 니미츠 힐에 추락하여 229명이 사망한 바 있다.

아침에 동이 트자 해변으로 나가 2키로 정도 산책하였다. 벌써부터 몇 명의 커플들이 바다 멀리까지 가서 수영을 즐기고 있었다. 맨발에 밟히는 조개가루가 섞인 하얀 모래는 느낌이 좋았다.

해변가에 있는 열대 나무들은 아름다운 꽃들을 자랑하고 있었다. 이곳 괌에서 자라는 나무들은 모두 아름다운 꽃이 핀다고 한다.

괌 해변

고기를 잡아 아침을 준비하려는 몇 몇 차모로인들은 그물을 들고 던질 채비를 하며 바다를 주시하고 있었다.

괌에 있는 동안 후배의 안내로 섬을 일주하며 연인 절벽이라 불리는 명승지를 들러 보았다. 해변가에는 하이얏트 등 10여개가 넘는 호텔들이 줄지어 서있다. 그리고 마젤란이 상륙했던 우마탁 베이 같은 유적지도 가보았다.

둘째 날 홍콩에서 알게 되어 동경에서 다시 만나 인연이 깊어진 스위스인 조셉 부드를 만났다. 그는 전문 요리사다. 자신이 근무했던 괌 하이얏트 호텔에서 태국인 부인과 함께 나와 이태리 요리를 사주면서 말한다. "이곳에 6년 살아보니 나이 들어 지내기에 딱 이다. 여기서 가까운 곳에 조그마한 집을 사놓았다. 호텔 음식 컨설팅을 하며 여생을 보낼 계획이다." 라고 귀뜸 한다.

차모르인들은 모계 씨족사회이다. 그리고 거석(巨石)문화가 발달했다. 호텔 앞 정원에는 큰 절구통을 거꾸로 세워 놓은 듯한 까만 거석들이 몇 개 놓여있다. 옛날에는 그 위에 집을 짓고 살았다고 한다. 해변을 산책하다가 차모로인들과 눈을 마주치면 그들이 먼저 웃으며 "하파디"하며 인사한다.

후배는 "날씨가 더워서 그런지 시간관념이 별로 없고 약속을 잘 지키지 않는다. 성격과 행동은 '가라바오'(괌의 까만색의 물소)처럼 느릿느릿하다. 심지어 괌 정부에서 하는 행사도 정시에 하는 시작하는 예가 별로 없다. 아일랜드 스타일"이라고 설명한다. 느긋한 차모로인들의 행복지수는 높다고 한다. 치열한 경쟁 사회에서 행복지수가 거의 하위권인 우리와는 다른 여유가 그을린 얼굴에서 읽을 수 있다.

투몬에서 멀지 않은 아산 비치에 태평양전쟁역사기념공원이 있다. 일본은 1941년 하와이 진주만을 폭격하여 태평양전쟁을 시작한 이후 얼마 안 돼 괌도 정복했다. 한국인들도 징용되어 와 알톰산이나 라몬지역 그리고 라테스톤 공원 부근에 있는 지하갱도나 방공호 파는 일을 했다.

차모로 원주민들은 깊은 정글로 숨어 열매로 끼니를 때우며 고초를 겪었다고 한다. 미군은 아시아와 태평양의 전략 요충인 괌 탈환을 위하여 5만 5천명의 병력을 투입하여 1944년 7월 21일 아산 비치와 아갓 비치 상륙작전을 감행해 성공했다.

이 전투에서 7천여 명의 미군이 사망했고, 일본군은 1만 8천 5백 명이 참전하여 1천명이 포로로 잡혔고 나머지는 전사하거나 모두 자살했다고 한다. 괌에는 솔레다드 요새와 스페인 다리, 스페인 광장 같은 유적지가 있다.

괌은 한국, 일본, 중국 등 아시아인들에게 인기가 있는 여행지로 보인다. 미국 본토와는 멀리 떨어져있지만 미국 땅이다. 입국비자 받을 걱정도 없다. 미국이라는 프리미엄 때문인지 원정 출산도 있다고 한다. 마트에 가보니 한국과는 비교가 안 될 정도의 다양하고 값싼 물자들이 넘쳐났다. 아이들을 데리고 오는 젊은층의 엄마들이 밤 비행기를 타고 와서 미제 물건 사고, 고기 실컷 먹고, 태평양 바닷물에 적셔도 보고, 열대 생태계 체험도 해보고, 맹글로브 그라브 또는 유유나츠 그라브 같은 전통 요리 먹으며 전통 민속춤도 구경하고… 중요한 것이 또 있다. 프라다, 구찌 같은 명품의 값도 서울보다 30-40%싸다고 한다.

괌에는 열대의 다양한 생태계가 전쟁의 상처를 딛고 살아났다.

세계에서 산호초 같은 해양식물이 가장 잘 보존된 곳으로 미 정부에서도 주목하는 곳이다. 다음 번 괌에 올 기회가 있으면 한 달 정도 묵으며 나만의 올레길도 만들고 자전거도 타보는 여유를 가져 봐야겠다.

차모로인들과 어울리려 태평스럽게 태평양에 빠져 걸어 보면 나의 행복지수가 올라갈까. 나는 숨 쉬는 공기가 탁하면 체질적으로 참기 힘든 면이 있다. 한국은 겨울부터 봄까지 중국발 스모그와 미세먼지로 곤욕을 치른다.

괌은 해류의 영향으로 세계에서 공기가 가장 깨끗한 곳이라 하니 괌이 마음에 든다. 스위스 친구 부드를 따라 괌 상륙 계획이라도 세워 봐야겠다. 그러면 한국의 젊은 엄마들처럼 나에게도 괌은 실속 있는 여행지가 될 것이다.

_ 해외문학

중국혁명의 성지 '난창'

장마철 농한기를 이용해 중국 중부의 장시성(江西省) 난창(南昌)에 다녀왔다. 상하이에서 서남쪽으로 700km, 우한(武漢)에서 남동쪽으로 360km의 거리다. 이번 여정은 저장성(浙江省) 원저우(溫州)에서 고속철도를 이용했다. 저장성의 농촌 들녘에는 모내기 한지 3주 정도 크기의 벼가 자라고 있었고, 장시성으로 이동하니 벼를 거두는 콤바인들이 바쁘게 움직이고 있었다.

한·중 관계가 지방으로도 많이 확산됐지만 난창은 아직 직항이 없는 한산한 곳이다. 대학에 있을 때 두 번 왔었던 인연이 계속 이어지고 있다. 난창은 충칭(重慶), 우한(武漢), 난징(南京)과 함께 중국의 4대 화로로 불리는 더운 곳으로 습기까지 많다. 음식도 맵고 짜다. 난창은 우한, 창사(長沙)와 함께 중부 트라이앵글의 하나로 인구 600만이다. 장시성은 4600만이다.

난창은 혁명의 도시다. 인민해방군(紅軍)의 태동지이다. 오늘날 인민해방군의 건군기념일(8.1)은 '8.1남창봉기(중국은 南昌起義라고 한다)'이다. 시내 곳곳에는 8.1기념관, 8.1기념탑, 8.1광장, 8.1대로, 8.1공원 등 8.1남창 봉기와 연관된 표지가 많다. 기념관 앞에는 장저민의 군기승치(軍旗升起)의 장소라는 글과 함께 인민해방 군인들이 깃발을 펼치는 모습의 동상이 있다. 장시성은 중국공산당에 의해 토지혁명이 시작된 곳이고, 노동자 운동이 시작된 곳이다, 그래서인지 '난창은 홍색(紅色)의 요람'이라는 표어가 많이 보였다.

1927.8.1 새벽 저우언라이(周恩來), 허룽(賀龍), 예팅(葉挺), 주더(朱德), 류보청(劉佰承) 등은 난창에 주재하던 국민당 군대를 공격해 4시간 만에 시내 전역을 점령했다. 난창 봉기는 3가지 의의를 갖고 있다. 첫째는 당시 집권파이던 장제스(蔣介石)에 대한 최초의 무장반항이다. 다음은 중국 공산당이 독자적으로 지휘한 무장 투쟁의 시작이다. 셋째는 이를 근간으로 만들어진 공농홍군(工農紅軍)의 조직이 8.1 중국인민해방군의 건군절이 됐다. 중국인민해방군의 기(旗)는 붉은 바탕에 공산당을 상징하는 오각의 별 그리고 옆에 8.1 난창봉기를 뜻하는 '八一'이 있다. 1948년 마오저둥은 "인민해방군기에는 八一을 넣어야 한다. 난창봉기는 건군을 뜻한다"라고 말했다.

8.1기념관은 방학을 맞아 젊은이들이 많이 보였다. 아마 공산당원들도 상당수 있으리라 짐작된다. 기념관 앞에는 주더(朱德) 등 5명의 주역 동상이 서 있었다. 전시장 안에는 당시 참여자들의 이름도 나열돼 있었다. 혹시 한국인도 있을까 해 훑터보던 중 김씨 성 줄에서 4명이 눈에 들어왔다. 얼마 전까지 서훈문제로 찬반양론이 뜨거웠던 김원봉의 이름이 "金元鳳 朝鮮 1898-1958"라고 표기돼 있었다. 그외 김만방, 김부광, 김금심의 이름도 있었다. 김원봉은 황푸군관학교(광저우)에서 군사교육을 받고 국민혁명군 장교로 임명돼 교관 생활을 했다고 한다.

홍군은 1928년 5월4일 징강산에서 공농혁명 제4군을 만들었다. 홍군기(紅軍旗)에는 망치와 낫을 그렸다. 노동자와 농민에 의한 노동자와 농민을 위한 군대를 상징한다. 그러나 국민당의 공격으로 징강산을 포기하고 1934년 10월부터 대장정에 나서 1935년 11월까지 368일 동안 1만2천km를 행군하며 항일투쟁과 공산혁명의 중심부대가 됐다. 무려 11개성의 54개 도시를 지나며 24개의 강을 건너고 18개의 산맥을 넘었다.

난창에서 남서쪽으로 329km 떨어진 후난성(湖南省)과의 변경에 홍군의 대장정이 출발했던 징강산(井岡山, 1779m)이 있다.

1927~1928 마오저둥의 주도로 소비에트공화국이 수립된 곳으로 중국 현대사에서 이름이 높다. 중국에서 최초로 농촌혁명이 시작된 곳이다. 마오는 노동자, 농민 그리고 병사로 소비에트를 구성해 토지혁명을 실시했다. 이론보다는 하루하루의 생존을 위한 투쟁에서 얻은 경험을 바탕으로 5만 평방 km에 250만명을 통치하며 야망을 키워 나갔다.

난창에서 북으로 122키로 떨어진 곳에 루산(盧山 1747m)이 있다. 1959년 7월 루산회의로 유명한 곳이다. 루산회의에서 펑더화이가 대약진 운동과 인민공사 정책의 실패에 대해 마오저둥을 비판하자 반우경운동이 대숙청운동으로 전개돼 펑더화이 등 4명이 숙청됐다. 펑더화이(彭德會)와 마오저둥은 징강산에서 같이 투쟁했던 친구사이다. 루산에는 루산회의가 열렸던 건물과 장제스와 마오저둥의 별장 그리고 영국, 프랑스인들이 땅을 조차해 만들었던 주택들이 많이 남아있다. 루산은 여름 피서지로 유명해 휴가철을 맞아 여행객들로 붐볐다. 해발 1200 고지에 마을에는 1만4천여명의 주민이 살고 있다.

우리 일행을 안내한 송군은 "당시 마오저둥(毛澤東)은 노동자와 농민을 규합해 정치를 했고, 주더(朱德), 주언라이(周恩來)등은 군을 이끌었다. 그 당시 중국 정치의 중심지는 중남부 지방이었다. 특

'8.1 중국 난창 혁명 열사'동상

히 장시성이었다. 한때 징강산이 중국의 수도가 돼야 한다는 이야기도 있었다"며 아쉬운 듯 말한다. 1949년 중국 건국 후 권력의 핵심을 이룬 인물들은 모두 강서소비에트 출신이었다고 한다.

난창에 온 지 20여 년이 다돼 간다는 이근화 난창한인회장은 중국친구들과 같이 창업을 준비하고 있다며 공간을 안내했다. "난창은 다른 곳에 비해 한국과의 교류가 아직 조용한 편이나 유학, 미용 등 관심이 높아가고 있다. 앞으로 교육, 문화, 여행, 의료 등 분야의 교류 사업을 추진하고 있다. 이곳의 특산물인 산마, 칡 등 특산물과 사과껍질에서 추출한 플로리진 등도 좋은 아이템의 하나일 것이다."라고 말한다.

중국 여행 기회를 이용해 혁명의 성지 그리고 인민해방군의 태동지인 난창과 루산, 징강산 등을 둘러보아도 좋을 것 같다. 그리고 전 세계의 한상(韓商), OKTA 등에서도 관심을 가져볼 만하다는 인상을 받았다.

(월드코리안뉴스 2019.8.5.)

해외안전여행은 각자의 몫이다

교내 곳곳에 해외봉사체험과 배낭여행 모집 안내 포스터가 눈에 들어온다. 방학을 알리는 신호탄이다. 벌써부터 학생들은 "홍콩, 마카오에 가려는데 어디를 가보면 좋을까요" 라며 들뜬 분위기다.

그리고 또 다른 질문이 있다. "중국에서 장거리 침대버스를 타도 괜찮아요?" 등 여행 준비단계에서 안전을 중요하게 챙긴다는 징조다. 세월호 참사 이후 통근버스 기사의 "안전띠 매세요"라든가 흑석동 외딴 시골길 신호 앞에서 끝까지 기다리는 모습 등 주변에서 원칙과 기본을 지키는 변화의 움직임이 보인다. 필자는 학생들에게 해외여행 전에 할 것과 사고 사례 그리고 이에 대처하는 요령을 알려주었다. 간단히 소개한다.

지난해 해외로 나간 우리국민의 수는 1484만 명이다. 이에 따라 크고 작은 사건 · 사고도 많이 일어났다. 총 건수는 무려 2만554건에 달했다. 연초에는 이집트에서 폭탄테러로 우리 국민 3명이 사망하는 사건이 그리고 최근에 필리핀에서도 연쇄 피살사건이 발생했다.

해외여행안전을 위해서는 먼저 가기 전에 꼼꼼히 점검하며 준비해야한다. 첫 번째는 외교부 해외안전여행 홈페이지(www.0404.go.kr)에 접속하여 목적지의 최신 안전정보를 확인한다.

치안이 불안정한 나라 또는 지역의 여행경보는 네 단계로 구분되어 있다. 1단계는 여행유의, 2단계는 여행자제, 3단계는 여행제한, 4단계는 여행금지다. 3단계의 경우 긴급용무가 아니면 귀국하고 가급적 여행계획을 취소하거나 연기할 것을 권고하고 있다. 참고로 6월 13일 부터 7월 14일 까지 월드컵대회가 열리는 남미 브라질의 상파울루 등 5개 도시의 여행경보는 1단계이다.

아울러 24시간 운영되는 영사콜센터 이용방법과 SMS 문자서비스, 신속해외송금과 3자 통역서비스 그리고 공관 등 연락처를 숙지하고, 현지의 문화와 간단한 언어, 종교 등 관습을 익힌다.

두 번째는 일명 '동행'에 자신의 여행정보를 등록한다. 이 제도는 여행지의 안전정보를 수시로 제공받거나 만약의 사태의 경우 소재파악 등에 아주 유용하다.

세 번째는 여권의 유효기간이 6개월 이상 남았는지와 비자, 예방주사 등 검역 여부를 확인하고, 신분증과 만약을 위하여 사진을 챙기고 가족, 친구에게 숙소와 일정을 알려 놓는다.

여행 도중에 사건, 사고 예방을 위하여 다음 사항에 각별히 유의 한다. “로마에 가면 로마법을 따르라”는 말과 같이 현지의 문화와 종교, 관습을 존중해야 한다. 그리고 해외에서 ‘이것’이 없으면 한 발짝도 뗄 수 없는 ‘여권’을 잘 모셔야 한다. 우리 국민이 해외에 나가 가장 많이 일어나는 것이 도난, 분실로 작년도에만 6682건이다.

아울러 모르는 사람을 경계해야 한다. 특히 한국어를 구사하며 접근하여 드링크를 권하거나 공항에서 가방을 운반해 달라는 등. 드링크에는 마취제가 가방에는 마약이 들어 있을 수 있다. 만약 짐에서 마약류가 발견되면 마약사범으로 중벌을 받을 수 있다.

마지막으로 사건, 사고가 일어났을 때에는 침착하게 가까운 경찰기관에 신고하고 공관과 영사콜센터에 도움을 요청한다. 공관에서는 단지 변호사 등의 정보를 제공하는데 있음을 알아야 한다. 해외안전여행 어플리케이션은 사건처리 요령과 연락처 등을 제공한다.

유비무환(有備無患)이다. 해외안전여행은 각자의 몫이다. 나가기 전에 꼼꼼히 체크하며 준비하고, 유사시에는 신속하고 적절한 대응 만이 최선이다. 이젠 세계로 나아가 가라앉은 세계경제 10위권의 글로벌 코리아의 기치를 높이는데 기여하자.

(중도일보 2014.6.8.)

'건강 100세 시대' 글로벌 전략과 지역 사회봉사로 돌파하자

한국 사회의 고령화가 빠르게 진행되고 있다. 우선 우리나라 사람이 가장 많이 사망하는 연령은 지난해 86세였다고 한다. 3년에 1년씩 늘어난다면 이제 '100세 시대'는 정말로 남의 이야기가 아니게 됐다.

그러나 우리나라의 노후 준비 지표는 100점 만점에 55.2점으로 턱없이 부족한 실정이다. 저출산과 함께 생산가능 인구도 줄어들어 50년 후에는 젊은이 한 명이 노인 한 사람을 부양해야 하는 시대가 올 것으로 보고 있다.

이를 방치하면 우리 사회에 큰 재앙이 될 것임은 강 건너 불 보듯 한 일이다. 정부에서도 늦게나마 매년 복지 관련 예산을 늘려나가고 있고, 오는 12월 치러질 대통령선거에 출마하려는 후보들도 저마다 노인 복지 문제에 대해 장밋빛 공약들을 내놓고 있으나 실현을 위한 재정의 뒷받침은 의문이다.

지금 우리는 교통과 통신의 발달로 세계화(또는 국제화), 글로벌 시대에 살고 있다. 특히 스마트폰, 손안의 작은 전화기로 5대양 6대주에서 일어난 일과 정보 그리고 70억 명의 지구촌 사람들과 소통할 수 있게 됐다.

이제 자신의 삶만 보장된다면 세계의 어디라도 가서 하고 싶은 일을 할 수 있는 시대다. 우리나라에 들어와 살고 있는 외국인의 수는 230여만 명에 이른다. 결혼으로 이주하거나, 일자리를 찾아 그리고 공부를 하기 위해 지구촌의 어디든 이동하는 글로벌 노마드 시대이다.

해외에 나가 살고 있는 우리나라 재외동포의 수는 750만 명이다. 세계 어느 곳에 가도 한국인을 만날 수 있다. 국내에 있는 외국인과 함께 해외에 살고 있는 동포는 우리의 귀중한 자산이다. 이들과 소통하며 교류하면 '100세 시대'를 결코 외롭지 않고 바쁘게 살 수 있다.

우선 기본 의사소통 정도의 외국어를 배우자.

언어는 자연적으로 그 나라의 문화와 역사를 연결해 주는 고리 역할을 하게 된다. 그리고 국제 비즈니스에 대한 지식과 기술도 배우고, 국제 매너와 에티켓이 몸에 배도록 하자. 훌륭한 글로벌 인재가 되어 개인은 물론 국가의 글로벌 경쟁력이 업 그레이드 될 것이다.

'100세 시대'에 가장 중요한 것은 건강이다.

나는 어디선가 읽은 십진건강법(1, 10, 100, 1,000, 10,000)을 실천, 9988234 하기 위해 노력하고 있다. 우선 돈이 안 든다는 이점이 있다.

그 내용을 소개하면, 매일 1가지 착한 일을 하고, 10명의 사람(가급적 다른 사람)과 만나 소통하며, 100자를 쓰고, 1,000자를 소리 내어 읽으며, 10,000보를 걸는 것이다. 그러면 99세까지 88하게 살다가 2~3일 후에 4일째 세상을 이별한다는 것이다.

하루하루 꼬박꼬박 행한다는 것이 쉽지는 않지만 어렵게 생각하지 말고 산에 오르다 버려진 쓰레기도 줍고, 오랫동안 못 만난 초등학교 친구들도 찾아보고, 멀리 사는 손자에게 편지도 써 부치는 습관을 들이면 다 건강관리에 도움이 될 것이다.

40여 년 만에 고향마을에 돌아와 살면서 옛 어르신들과 소통하기는 그리 쉽지 않다. 만날 때 마다 무조건 큰 소리로 인사하고, 농사도 배울 겸 농사일도 물어 본다. 옛 어린 시절 같으면 어르신들 생일날만 되어도, 또 제삿날만 되어도 마을 주민이 모여 식사를 같이 나누곤 했다. 별도의 소통은 필요 없었다. 요즈음 농사는 품앗이도 안 하고, 모두 농기계로 해 치우기 때문에 소통의 기회가 그리 많지 않다.

동네의 몇몇 분들과 '아등모(아름다운 등골마을 가꾸기 모임)'를 만들어 마을 정자나무 주변과 버스정류장을 청소하고 경로당의 불편사항도 찾아내 해결해 주고 있다. 또 동네 입구에 마을 표지석을 세우고 국기게양대와 게시판도 설치하면서 마을 주민들이 어떤 일에 서로 협력하는 분위기를 연출토록 하며 소통을 유도해 나갔다. 우리가 살고 있는 주변을 아름답게 가꾸고, 이웃을 돕는 활동은 소통의 기회를 늘려 삭막해져 가고 있는 우리 사회를 밝고 맑게 하는데 힘이 된다.

대한민국을 오늘의 선진국으로 만든 주역은 노인들이다.

그러나 65세 이상 우리나라 노인 빈곤 비율은 OECD국가 중에서 최고 수준이다. 대략 절반정도는 어려움을 겪고 있다. 이를 언제나 정부에 의존할 수는 없다.

배우며 일하고 어울려 지역사회를 위해 봉사하면 '100세 건강인생시대'에 뒤지는 일은 없을 것이다.

(DT뉴스 2012.11.5.)

100세 건강인생시대, 100년 인맥이 필요하다

한 해의 반이 지난다. 정치는 진흙탕, 경제는 미로 상황으로 제로 시계(視界)이다. 확대일로의 G2 간 무역전쟁도 남의 일이 아니다. 그래도 해외에서 들려오는 손흥민, 류현진, BTS의 국위선양과 '박항서 매직', 봉준호 감독의 칸 영화제 황금종려상 수상 그리고 U-20 월드컵 준우승의 쾌거는 올해 아홉수인 필자의 몸에 에너지를 공급한다.

은퇴한 지도 아홉수의 해이다. 처음에는 서울에서 기생(寄生)해 보려 했다. 그러나 영화 속의 기택 가족처럼 변신 능력이 부족했는지 기회는 없었다.

첫 번째 일자리는 고향 대전에서 나왔다. 지인의 소개와 부름으로 새로운 세계를 경험했다. 특히 대학에서의 4년은 해외취업과 베트남, 중국 학생 유치를 위해 뛰면서 새로운 인맥을 쌓을 수 있는 기회였다. 디지털 사회에서는 인맥의 중요성이 좀 덜해져 가고 있는 것 같지만 제2의 인생을 출발하는 은퇴자에게는 다이아몬드 이상이다.

우리나라 취업의 67%는 인맥 등 네트워크에 의해 이루어진다고 한다. 대학에 있을 때 학생들에게 성적 올리고 스펙 쌓는 것 못지않게 사회성을 키우는데 힘쓰라고 주문했다. 총장이하 교수, 직원은 물론이고, 산학협력과 학회 등에서의 네트워킹도 중요하다.

아울러 지역의 기관이나 단체, NGO 등과 적극적으로 교류하며 다양한 인맥을 형성해 나가는 것이 도움이 된다. 필자는 1박스 분량의 명함을 가지고 있다. 주로 글로벌 네트워크이다.

작년 하반기부터 실업 급여 받으며 6개월 간 구직활동을 열심히 했다. 중소기업 현장을 찾아다니며 요즘 경제가 얼마나 어려운지도 알게 되었다. 일본, 중국, 러시아 등에도 나갔다. 움직이는 자체가 건강에 도움이 되고, 기존 인맥을 관리하는 기회도 되었다.

두번째 일자리는 가까운 일본에서 나왔다. 한 곳은 의사출신 재일동포가 도쿄 인근 이바라기(築城)현에 설립한 학원(중 · 고교)이다. 국내와의 교류를 통해 학생을 늘리는 전략이다. 다행히 졸업생들이 이름 있는 대학의 의학부 등에 진학하는 성과를 내서 기대된다. 또 한 곳은 도쿄에서 20여 년 째 IT사업을 해 온 중국동포가 최근 설립한 인재개발회사이다.

'전후최장기 호황'을 맞고 있는 일본의 극심한 인력 부족 상황으로 우리 청년들의 수요가 있을 것으로 전망된다. 두 곳은 대학에 근무했을 때의 인연이다. 인맥은 이해관계를 떠나 만남을 소중하게 여기고 순수하게 교류해 나가는 것이 중요하다.

가끔 시골 학교에 가서 뉴욕과 서 아프리카의 부르키나파소, 중화권(대만 · 북경 · 홍콩) 과 일본(히로시마 · 도쿄) 등지를 떠돌 때의 경험을 들려주고 있다.

무엇보다 현지화(Localization), 인맥(Networking), 소통(Communication)을 강조한다. 어디에 가든 그 나라의 언어와 문화를 배우고 존중하며, 인간관계를 원만하게 하고, 소통하는 것이다. 특히 소통은 "왜 전화도 안 오지" 하기 전에 항상 먼저 연락하는 것이 좋다.

전 구글 CEO 에릭 슈미트는 우리 대학생들에게 고했다. "한국청년은 여권 만들어 무조건 해외로 나가야한다".

무역으로 먹고사는 우리의 현실을 알고 한 말일 것이다. 요즘 대학생들은 밖에 나가기를 꺼린다. 김우중 전 대우회장은 "해외 나가면 10년은 버텨봐라"고 했다. 청년시절 부터 글로벌 네트워킹을 쌓아가며 경쟁력을 키워가야 한다.

요즈음 베트남어를 배우고 있다. 베트남 공무원으로 서울에 와 있다가 돌아가 호치민에 살고 있는 지엡 박사는 "왜 여기 와서 배우지 않느냐"며 성화다. 정년퇴임을 앞둔 그와는 호형호제하는 사이다. 세 번째 일자리를 도와줄 VIP 인맥이다. 100세 건강시대를 같이 할 100년 인맥이 필요하다.

(대전일보 2019.6.24.)

새로운 30년 '인생후르츠'로 준비한다

기해년 새해가 밝았다. 돼지는 풍년과 다산(多産) 그리고 재력의 상징이라고 한다. 특히 60년 만의 황금돼지라 하니 나에게도 무언가 특별한 기대를 해 본다. 새해 벽두부터 뒤숭숭한 뉴스들이 속속 나오고 있다. 대학병원 옆에서 편의점을 하는 친구의 세밑 얼굴 표정도 예와 같지는 않았다.

황금돼지처럼 에너지를 주는 아름다운 스토리로 넘쳐나는 좋은 해가 되길 바란다. 필자는 금년이 아홉수의 해이다. 우리 나이로 예순 아홉이다. 살아가면서 아홉수의 해를 잘 넘겨야 다음 10년을 잘 넘긴다는 얘기를 들은 적이 있다. 어떤 연유에서 나온 말인지 모르지만 건강, 사고 등 모두 조심해야 할 나이에 어울리는 말일 것이다.

은근히 걱정이 된다. 산촌에 사니 낙상사고와 운전 그리고 폭염 속의 농사일 등 조심할 일이 한 두 가지가 아니다. 뻔질나게 다니는 러시아, 중국, 베트남에 가더라도 보드카, 백주 같은 독한 술을 마구

부어 대는 일은 없도록 해야 한다.

올해부터 75세 이상의 고령자들은 운전면허 갱신 및 적성검사 주기를 5년에서 3년으로 바꾼다고 한다. 아예 일본처럼 운전면허를 자진 반납하면 교통비를 지원해 주는 제도도 좋을 것 같다.

우리 사회가 본격적인 100세 건강인생시대에 접어든 느낌이다. 주변에 돌아가신 분들의 나이를 보아도 80대는 드문 편이고, 90대 중후반이 많다. 100세를 넘긴 분들도 예전보다 많다. 방송에서 김형석 철학자의 '인생을 살아보니'란 강연을 봤다. 김 철학자의 "살수록 행복하다"는 말이 부럽게 들린다. 요즈음 '100세 건강인생시대'의 소리를 자주 듣다 보니 왠지 나도 100세까지 살 수 있을 것 같다는 느낌이 온다.

"나는 할 수 있다(I can do it)" 정신으로 우선 스마트 폰에 만보기 앱을 깔았다. 하루 1만보 이상 걷은 날은 몸이 가볍고 정신이 맑으며 잠도 잘 온다. 오랜 시간 앉아있는 것은 신체건강에 좋지 않다고 한다. 미국의 어느 학교는 수업을 서서 한다는 얘기를 들은 적이 있다.

필자는 공직에서 은퇴 후 고향으로 내려와 쌀농사도 짓고, 마늘, 깨, 감자 등 모든 작물을 가꾸며 거의 로컬 푸드로 섭생하고 있다. 벼농사는 물꼬를 매일 봐주어야 하니 눈 만 뜨면 논에 간다.

특히 물렁물렁한 논두렁을 자주 걷다 보니 허리와 척추 건강에 좋은 것 같다. 한 때 유행했던 마사이 신발의 아이디어도 우리나라의 논두렁 길 걷기에서 나왔다고 한다.

"이 세상에서 가장 정직한 것이 농사다"라는 말을 믿고 있다. 자주 가서 보살펴주니 역시 좋은 결과이다.

그간 운이 좋아 지방의 대학과 국제교류단체 등에 나가며 소일했다. 지난 9월부터는 실업급여 받으며 반도체, 화장품회사를 다니며 일자리를 찾고 있다. 기업들은 수익이 되는 모델을 만들어가지고 들어오라는 눈치였다.

여행이나 하며 보내려 했는데 작년 하반기부터 날아드는 건강보험, 부동산 세금 등 고지서 쪽쪽이 숫자가 달라져 부득이(?) 진로를 수정했다. 고향의 중소기업 가운데 해외 마케팅이 필요한 곳을 도와주며 새로운 사람을 만나고 싶다.

이는 폭넓은 세상과 접촉하는 계기가 되어 새로운 30년의 삶을 개척할 수 있을 것 같다. 지난주 집에 PC를 군 출신의 젊은 행정사 사무소로 옮겨 놓았다. 여차하면 따뜻한 남쪽, 박항서 슈퍼매직의 호랑이 굴로 들어가 베트남어 배우며 아세안 지역전문가가 되어 보는 생각도 굴뚝같다.

지난해 말 일본 영화 '인생 후르츠'를 보았다. 65년을 함께 한 일본 노부부의 찡한 다큐멘타리 스토리로 마치 30년 후 내 모습을 그려보는 느낌을 받았다. 주인공이 읊조린 대사가 떠오른다.

"서두르지 않고 차근차근 천천히 인생이 맛있게 영그는 30년을…" 새해 모두 내려놓고 자연과 함께 건강한 삶을 살아 보려나.

(대전일보 2019.1.7.)

고향서 봉사, 기쁘고 감사

"고 이웅렬 중도일보 회장님과 중도일보가 경암빌딩에 있던 시절부터 교분이 두터웠습니다. 생전 이 회장께서는 국제교류활동을 활발히 해주셔서 외교부에서 국제교류를 담당했던 저에게 많은 도움을 주셨지요."

김현중 국제교류센터 소장이 5일 본사를 방문한 자리에서 이같이 밝혔다. 외교통상부에서 32년을 근무하고 일본 총영사를 끝으로 정년퇴임 후 대전 고향에 둥지를 틀게 된 김 소장은 이날 본사와의 인터뷰를 통해 중도일보와의 추억을 되새겼다.

김 소장은 "일본 동경 · 히로시마, 미국 뉴욕 · 워싱턴, 중국 북경, 대만, 홍콩, 서부 아프리카의 프랑스 식민지였던 부르키나파소 등 7개국에서 20여 년 동안 외국 생활을 하면서 국제교류 업무와 밀접한 관계를 맺어왔다"고 말했다.

김 소장은 "뉴욕에서 근무할 당시 반기문 UN 사무총장이 외교통

마을 입구에 '등골' 표지석을 세우다(2012)

상부 UN 과장이었는데 그 분의 성실한 태도와 글로벌 마인드가 인상적이어서 지금 전국의 고등학생들에게 특강을 하러 가면 반 총장님이 충주고 시절 영어스피치대회에 나가 우승하고 미국에 가서 케네디 대통령을 만나고 꿈을 키웠던 이야기를 들려준다"고 소개했다.

김 소장은 "우리나라 음식과 문화와 전통을 제대로 알리고 에티켓을 잘 지켜 글로벌시대의 인재가 되라는 강의를 많이 한다"며 "세계 경제 대국 10위권 국력에 맞는 에티켓을 갖춘 글로벌 사고와 행동이 필요하다"고 강조했다. 또 "우리나라 젊은이들이 국제기구에 많이 진출해 뛰어난 글로벌 인재로 성장해주길 기대한다"고 말했다.

카투사 시절 미군들과 친하게 지내며 영어에 능통하게 되고 외교통상부 문을 두드리게 된 김 소장은 7개국 외교관 생활을 통해 불어, 중국어, 일본어에도 능통한데다 매달 교포들에게 외국생활의 상식과 편익을 안내해주는 영사 메일을 보내 자상함과 성실함과 부지런함을 겸비한 총영사로도 잘 알려져 있다. 김 소장은 "공직생활을 마치고 제가 태어난 고향에 돌아와 봉사할 수 있는 기회를 주셔서 참으로 기쁘고 감사한 마음"이라고 말했다.

김 소장은 "오는 24일 오후 2시부터 5시까지 엑스포과학공원에서 외국인 설날 큰 잔치를 벌일 계획"이라며 "시민들께서 외국인들에게 많은 관심과 애정을 갖고 따뜻한 시선으로 바라봐주시면 고맙겠다"고 말했다.

(중도일보 2012.1.5.)

글로벌 리더, 끊임없는 도전에서부터

본사 독자권익위원인 김현중 대전국제교류센터 소장(전 일본대사관 총영사)이 지난 19일 보문고(교장 직무대행 노재근)에서 2학년 학생 480여명을 대상으로 글로벌 시대를 맞아 청소년들이 가져야 할 마음가짐과 태도에 대해 특강했다.

40여 년간 외교통상부에서 외교관으로 근무한 김현중 소장은 이날 학생들에게 외국어와 글로벌 에티켓의 중요성과 깊고 진실한 다문화 이해의 필요성을 강조했다.

김현중 소장은 “저는 어려운 환경 속에서 외교관의 꿈을 이루기 위해 노력했다”며 “여러분은 끊임없이 도전하고 실패를 두려워하지 말라”고 힘주어 강조했다.

김 소장은 “글로벌 시대에 적응하고 올바르게 대처하기 위해서는 외국어 구사 능력과 글로벌 에티켓과 더불어 다문화에 대한 깊고 진실한 관심이 절대적으로 중요하다”고 조언했다. 이와 함께 “한반도는 역사적, 지정학적으로 열강 패권의 무대였고, 한반도의 안정과 선진 강국 진입을 위해서는 학생들이 우리 주변의 환경을 잘 파악해 글로벌 인재가 되어 그 역할을 제대로 해야 한다”며 “국제문화 이해와 외국어를 학습하고, 국제 매너와 에티켓을 습관화함은 글로벌 인재가 되기 위한 필수 요소”라고 강조했다.

김 소장은 “중국이 우리나라 수출의 25%를 차지하고 있음에 유의해 중국어를 배우고, 중국을 알아야 한다”며 “인천에서 2시간 이내에 있는 북경, 상해, 도쿄, 오사카와 홍콩, 대만 등 중 · 일 지역은 우리와 같은 유교, 한자 문화권이므로 접근하기가 비교적 쉽다”고 설명했다.

(중도일보 2012.10.21.)

청소년의 글로벌 진로탐색 프로젝트

대전국제교류센터(센터장 김현중)는 지난 16일부터 21일까지 4박 6일간의 일정으로 말레이시아 쿠알라룸프르 일원에서 '청소년글로벌진로탐색'을 진행했다.

이번 행사는 최근 교류의 중요성이 증대되고 있는 아세안(ASEAN)과 아세안국가들에 대한 이해를 증진하고, 아시아의 대표적인 다문화 · 다민족 국가인 말레이시아의 생활과 문화를 이해하기 위해 마련됐다. 특히 국제교류의 진행과정에서 만나는 외교관과 청소년국제교류기획가 등의 직업을 통해 진로에 대해 생각하는 계기를 제공하는 목적을 담고 이뤄졌다.

(중도일보)

“등골마을 명곡갤러리를 아시나요”

— 외교관 경험 살려 고향 글로벌화 앞장서는 김현중 씨

대전광역시 서구 흑석동 등골마을은 장태산 가는 길목에 자리 잡고 있다. 20여 가구가 옹기종기 모여 사는 전형적인 시골 마을이다. 이곳에는 다른 시골 마을에서는 찾아볼 수 없는 다문화 전시 공간이 있다. ‘명곡’(명막산 계곡을 줄인 말) 갤러리. 중국 산수화, 일본 자기, 아프리카 가면 등 소품 100여 점이 전시돼 있다.

이 마을에서 찾아볼 수 있는 글로벌 문화는 한 가지 더 있다. 정월 대보름이나 설날 같은 명절에는 외국인들이 찾아와 한국 음식과 놀이를 즐기며 즐거운 시간을 갖는다. 외국인들이 시골 마을의 정취를 느끼며 한국의 전통문화에 흠씬 빠져든다.

등골 마을의 소박한 글로벌 문화의 중심에는 김현중 씨(63. 건양대 대우교수, 전 주일대사관 도쿄총영사)가 있다. 지난 2011년 외교관으로서 정년을 마친 김 교수는 2012년 4월 고향마을 등골에 정착하였다.

김 교수는 자신이 태어나고 자란 77년 된 초가집을 고쳐서 대들보와 서까래가 선명하게 드러나는 고풍스러운 살림집을 꾸렸다. 마당 한켠의 소 외양간을 개조해 소품관을 만들고, 고향산을 따 '명곡'이라는 멋진 이름을 붙였다. 누구에게나 늘 개방하고 있는 명곡갤러리의 방명록에는 내외국인의 이름이 빼곡히 적혀있다.

"고향에 정착하면서 400평 밭에 농사도 짓고 지역사회에 국제화 마인드도 전파시키는 현재의 삶에 아주 만족합니다. 서울에서 생활하고 있는 동료들을 간혹 만나면 할 일이 없어 무료해 하던데 저는 농사일 동네일 두루두루 할 일이 많아 지루한 줄 모르겠습니다." 김 교수가 고향에 돌아와 한 일 중에 아등모(아름다운 등골 가꾸기 모

중국 친구 허요걸 씨가 '명곡'에 들렀다,
이번학기부터 한국해양대학교에서 박사과정 이수 중이다

임)를 빼 놓을 수 없다. 아등모는 동네 청소를 비롯해 국기 게양대와 마을 표지석, 게시판 설치 등 아름다운 마을을 가꾸는데 앞장서고 있다.

김 교수는 기차로 통학하던 청소년 시절, 대전역에서 기차를 기다리다가 쓰레기로 버려진 날짜 지난 신문을 읽으며 외교관의 꿈을 갖게 됐다. 호롱불을 켜놓고 공부에 열중하다 눈썹을 태워 먹은 일은 잊지 못할 고향의 추억으로 남아있다.

"지역의 청소년들과 대학생들이 세계무대를 향한 꿈을 가질 수 있도록 하는 게 또 하나의 바람이어서 틈나는 대로 강의 활동을 하고 있다"는 김 교수는 지역의 청소년들에게 강연할 때면 늘 신문을 읽을 것을 주문한다.

"일본 도쿄총영사 시절 발로 뛰며 영사관을 바꾼 사람, 교민사회에 신선한 충격을 준 사람"이라는 언론의 대대적인 평가를 받으며 외교관으로서의 명성을 드높였던 김 교수는 이제 지역사회의 봉사자로서 고향을 가꾸며 인생 후반부를 멋지게 살고 있다.

(이츠대전 2014.10.29.)

뜻 위에 길을 만든다

25번 버스를 타고 도심을 벗어났다. 창밖으로 장평보유원지가 보이면 내릴 채비를 해야 한다. 강물이 햇볕을 받아 반짝이고 길 위에는 초록색 외곽 버스 한 대만 지나간다. 30분 만에 완전히 도심을 벗어난 버스에서 내려 등골 마을로 향했다.

● 우연한 기회가 꿈을 품게 했다

김현중 교수는 등골마을에서 태어났다. 태어나 자란 고향에 다시 돌아온 건 2012년, 40여 년 만의 귀향이었다.

"1972년부터 3년간 카투사로 군 생활을 했어요. 그때는 지금처럼 시험 봐서 카투사를 뽑는 게 아니라 군대에 가야 할 사람을 무작위로 추첨했어요. 군생활하며 외무공무원으로 일하는 건 어떨지, 꿈이 생긴 거죠."

지방에서 공직생활을 시작한 이래 뜻을 두고 노력한 결과 우선 서울에 있는 중앙행정기관으로 옮기게 되었다. 다시 외교부로의 길이 열렸다. 본부에서 2년 정도 있다가 1981년 첫 발령을 뉴욕으로 받았다. 나이는 서른이었고, 태어나 처음 외국에 가 봤다.

"지금도 제 사무실에는 '뜻이 있는 곳에 길이 있다.'라는 말이 쓰여 있어요. 생각해 보면 제가 뜻을 품고 노력한 만큼 뭐든지 할 수 있었어요. 맞아요. 우연한 기회가 인생을 바꿨죠." 카투사 군 복무도 많이 도움이 되었다.

3년 근무를 마치고 다시 한국에 돌아가야 할 때 고민이 많았다. 그때만 해도 외교부에 근무하던 한국 사람들은 다시 독재 정권이 판치는 한국에 돌아가기가 끔찍하다며 외국에서 자리를 잡았다. 과일을 팔거나 세탁소를 차려서 큰 돈을 번 사람도 여럿 보았다. 그래도 다시 한국에 돌아오는 걸 선택했다.

"외교부에서 일하는 게 적성에 맞았고, 이 일을 하기 위해서 했던 노력을 생각하니까 쉽게 그만두지 못하겠더라고요. 좀 더 해 보기로 하고, 다시 한국에 돌아왔어요."

● 세계 곳곳에서 다양한 경험을 쌓다

한국에 근무하다 1987년 아프리카 부르키나파소로 향했다. 선진국에 한 번 있었으니 근무 여건이 힘든 지역에도 한 번 가야 하는 것이 그때 풍습이었다. 불어 문화권이기에 3년 동안 불어를 익혔다. 때 묻지 않은 자연과 사람들을 보며 많은 영감을 얻었다.

"아프리카에 근무하다가 1989년 노태우 정권 때 외교 정책이 바뀌었어요. 그 전까지는 외교관만 있으면 모든 나라에 한국 대사관을 설치했는데, 그때부터는 중요한 거래가 있는 나라가 아니면 모든 대사관을 폐쇄하라고 지시했죠. 제가 있던 부르키나파소도 그때 폐쇄되었고, 다음에 어디에서 근무할지 결정해야 했어요. 다시 미국으로 돌아갈 수도 있었는데, 중국에 가 보고 싶더라고요. 그때만 해도 중국이 후진국이었지만 미래에 가능성 있는 나라라고 생각했어요. 그래서 대만으로 가게 되었죠."

1989년 대만에서 근무하며 배운 중국어는 이후에도 요긴하게 쓰였다. 1992년 한중수교를 시작으로 중국에서 코리안 드림 열풍이 불었다. 중국어를 잘하는 외교부 직원이 부족했고, 대만에 근무했던 김 교수는 중국어 능통자로 1994년 북경 대사관에서 근무를 시작했다.

"오전 7시 출근해서 저녁때까지 종일 결혼 허가만 했어요. 한국에 너무 가고 싶어서 사기 치는 사람도 많았는데, 어떤 남편은 아예 우리에게 편지를 썼어요. 자기 부인이 한국에 가려고 허가를 받으러 올테니 절대 허가해 주지 말라고요. 그런 식으로 나이와 결혼 여부를 속이고 한국에 가려는 사람을 거르고 걸렀는데도 1년 동안 결혼 허가만 7천 건을 했어요."

● 다시 고향으로 돌아오다

2011년 3월 7일, 동경에서의 마지막 근무를 마치고 한국에 돌아왔다. 2012년 대전국제교류센터 센터장을 맡고, 2014년부터 건양대학교 국제협력 주임교수로 근무한다. 고향 집으로 올 때부터 외국에서의 경험을 사람들과 나누고 싶다는 생각이 들었다. 집 옆에 있던 외양간과 부엌을 개조해 갤러리로 만들었다. 각 나라에 다니며 모은 소품은 손님을 초대할 때마다 한 번씩 보여 주곤 했다. 공간의 이름을 '명곡'이라고 붙였다. 명곡은 등골마을 뒤 '명막산 계곡'의 줄임말이다.

"사람들이 외국에 가면 기념품을 모으잖아요. 한 근무지에서 3년 동안 외국에 있다 보니 다양한 문화를 접할 수 있었어요. 그런데 다른 것보다 가면이 인상적이었어요. 그 나라 사람을 대표하는 얼굴이기도 하고, 같은 나라, 같은 아시아권이라도 얼굴이 다르고요. 근무하는 나라마다 가면을 모았어요. 모아 놓으니 정이 가더라고요. 그래서 지금도 외국에 가면 하나씩 모으고 있어요."

명곡 갤러리 벽 한쪽을 채운 20여 종의 가면은 모두 생김이 다르다. 베트남, 미얀마, 필리핀, 캄보디아, 싱가포르, 부르키나파소 등 각 지역, 각 나라를 대표하는 가면이 저마다 다른 얼굴을 하고 웃고 있다. 각 나라의 자연과 사람들의 영혼이 담긴 물건이 '가면'같았다.

한쪽 벽은 가면이 채우고 있고, 다른 한쪽은 김 교수가 외교부에 근무하던 시절 받은 각종 감사패가 채웠다. 또 다른 방에는 도자기와 선물받은 그림 등 그가 외국에 있던 시절을 추억할 만한 물건이 전시되어 있다.

"일본에서 인상적이었던 게 지역의 큰 기업에서 시와 함께 국제교류센터를 지었던 거예요. 자동차 회사였는데, 시에 기부하는 문화였던 거죠. 우리나라에도 그런 사례가 나왔으면 좋겠어요."

김 교수도 마음 맞는 사람과 공간이 있다. 모은 물건을 더 많은 사람과 나누고 싶다. 도심에 민속박물관이나 전통 갤러리 등을 지을 때 기부한다거나 공간을 마련해 보고 싶은 소망도 있다. 아직은 생각일 뿐이지만 뜻이 있으니 길도 생길지 모르는 일이다.

"연락을 주셔도 좋고요. 누구든 지나는 길에 언제라도 와서 보셨으면 좋겠습니다."

(월간 토마토 2017.4월)

김현중 원장의 고향을 찾다

(건양대학교 국제교육원장 전 주일대사관 도쿄총영사)

대전광역시 서구 기성동을 가다 보면 명막산 아래 등골 마을이 있다. 자연부락 등골 마을은 명막산 깊은 계곡을 따라 소담하게 자리 잡고 있는데 마을 입구 정자나무가 마을의 깊은 역사를 보여주고 있다.

그곳엔 건양대 국제교육원장(전 주일대사관 도쿄총영사)의 집에 마련된 명곡관(명막산 계곡에 자리 잡은 작은 박물관)이 있다. 그 명곡관에는 그가 외교관 시절 모아두었던 외국의 특산품, 도자기, 가면 그리고 부모님이 사용하시던 농기구들이 조화롭게 펼쳐져 있다.

그리 화려하지도 웅장하지도 않지만 등골 마을의 명품이 되어가는 것은 그의 진심 어린 애향심이 아닌가 생각이 든다.

외교관을 퇴직한 뒤 고향으로 돌아와 등골 마을에 살고 있는 김현중 국제교육원장은 '국제무대에 진출하고 싶은 꿈'이 있는 학생들에게 외교관 생활과 관련한 현장 경험을 방문자들은 물론 학생들에게 기꺼이 모든 것을 풀어놓는다.

“지역 청소년들과 대학생들이 세계무대를 향한 꿈을 가질 수 있도록 하는 것이 또 하나의 꿈이어서 틈나는 대로 강의 활동을 하고 있다” 고 말한다. 김현중 교수는 ‘글로벌 코리아의 리더가 되라’는 주제로 주로 중 · 고등학교를 찾아 강의하고 있다. 그는 외교관으로 재직한 30여 년간 40여 개국을 방문한 경험을 바탕으로 미래의 꿈나무들에게 꿈을 심어주며 바쁜 일정을 소화하고 있다.

오래전 88 서울올림픽을 홍보하던 아프리카에서의 경험 등 봇물처럼 쏟아내는 다양한 체험담에 그를 만났던 학생들이나 외국인들은 그의 말에 귀 기울이고 김 교육원장의 집에 마련된 25개국 100여 점의 수집품이 보관된 작은 박물관을 돌아보며 넓은 세상 다양한 경험을 체험한다.

외교관 출신의 김원장은 “외교관이 되기 위해 어떻게 해야 하느냐?”는 질문에 “신문을 보면 인생의 항로가 보인다”며 신문읽기의 중요성을 강조한다.

흑석리에서 대전으로 통학하던 중학 시절 은행의 쓰레기통에서 신문을 주워 읽었다. 시골에서 태어나 멘토라고 할만한 이도 없던 시절 신문을 보며 스스로 삶의 방향을 찾았다며 “신문을 보면 정치부터 경제 외교 국제뉴스까지 두루 정보를 알 수 있다. 신문이야말로 요즘 주목 받는 ‘융합형’인재의 시대에 맞는 것”이라고 강조한다.

김현중 원장의 등골 고향집

또 외국문화를 받아들일 수 있는 마음과 외국어 공부도 중요하다며 "스스로 계획하는 배낭여행을 통해 외국 문화를 체험해 보는 것도 좋은 방법"이라고 추천한다.

명곡관을 다녀간 사람들도 다양해 그의 외교관 시절을 보는 듯하다. 다문화가정을 초청하여 한국 전통 명절을 체험하게 하고 아프리카 부르키나파소 기업인들이 방문하여 교류하며 글로벌 네트워크를 이어가고 있다.

그뿐인가. 건양대 국제교육원장으로 국제교류에 힘쓰고 있다.

그는 72년도 군에 입대하여 카투사로 군복무를 마쳤다. 영어에 대한 관심과 열정이 아메리칸 드림을 키워갔고 결국 79년도에 외교부에서 일하면서 새벽을 가르는 일이 많았다고 한다. 가슴에 멘토 없이 시작한 사회생활 중에 반기문(당시 본부 유엔과장) 전 UN사무총장님을 만나 멘토로 삼은 적이 있다고 전하는 김 원장의 얼굴에서 강인하지만 부드러운 카리스마가 돋보인다.

특히 그가 왕성했던 외교관 시절의 명예나 추억을 모두 내려놓고 고향으로 돌아와 '아름다운 등골 가구기'모임을 구성하고 마을 사람들과 어울려 지내는 것을 보면 존경심이 우러난다.

도쿄총영사 시절 "발로 뛰며 영사관을 바꾼 사람, 교민사회에 신선한 충격을 준 사람"으로 명성을 떨쳤지만 이젠 고향에서 지역을 가꾸는 봉사자로 인생 후반부를 멋지고 아름답게 꾸미며 살고 있는 김원장이야 말로 시대를 앞서가는 사람이라고 생각한다.

(월간 청풍 2016. 8월)

‘인재 큰꿈 꾸도록’

건양대－세계한인무역협회 동경지회 협약

건양대학교와 세계한인무역협회 동경지회간의 협력 협약서가 지난 2일 오후 3시 건양대 산학협력관에서 체결됐다.

앞으로 쌍방은 건양대생의 해외 인턴십과 취업 등의 분야에서 협력해나갈 예정이다. 협약서는 홍영기 건양대 산학협력단장과 이승민 동경지회장이 서명했다.

이 회장은 "건양의 글로벌 인재들이 해외에 많이 진출할 수 있도록 힘쓰겠다"고 말했다. 동경지회의 150명 회원은 IT, 무역, 식품, 음식업, 한류관련 사업 등 다양한 분야에서 왕성한 활동을 하고 있다.

1981년도에 출범하여 68개국에 133개의 지회를 두고 있는 세계한인무역협회(OKTA · Overseas Korean Trade Association)는 해외에 나가 있는 한국인 이외 고려인, 조선족 등 동포들로 구성된 지회도 있다. 매년 국내 도시를 순회하며 한인경제인대회를 개최하며 상담회 등 교류 활동과 차세대 무역스쿨을 운영하고 있다. 최근에는 해외취업과 창업지원 사업도 활발하게 전개하고 있다.

(중도일보, 20144.10.16, 김현중 시민기자)

건양대, 흑룡강성에서 한국어말하기대회 개최

건양대는 지난 19일 중국 흑룡강성 하얼빈시에서 주 선양한국총영사관 등 현지 기관의 후원으로 '2016년 제 1회 중국 흑룡강성 한국어말하기대회'를 개최했다.

교육부 지역선도대학 육성사업의 일환으로 열린 이번 한국어말하기대회는 한국어와 한국문화의 우수성을 널리 알리고 대학 간 우호적 교류를 위해 진행됐다.

건양대와 자매대학인 흑룡강농업공정직업학원에서 주관했으며,

목단강대학, 흑룡강농간직업학원, 하얼빈직업기술학원, 흑룡강여유직업학원, 흑룡강민족직업학원 등 6개 대학에서 참여했다.

대학별 예선을 거쳐 선발된 학생들의 결선이 진행됐으며, 한국어와 한국문화, 한국역사 등 다양한 주제로 발표한 이날 대회에서 1등 1명, 2등 1명, 3등 2명, 장려상 6명, 선양총영사 특별상 등 총 11명의 학생이 수상했다. 1등 영예는 '청춘의 꿈'을 발표한 흑룡강여유직업학원 손림 씨가 차지했다.

수상한 학생들에게는 상장과 함께 태블릿PC, 블루투스 스피커, 블루투스 이어폰 등의 상품이 각각 수여됐다.

이날 말하기대회와 함께 건양대 한국어교육센터장 송정란 교수의 '한국문화특강'과 참가학생들의 한복 입어보기 체험 등 우리 문화를 이해하는 시간을 가졌다.

건양대 국제교육원 김현중 원장은 "현재 건양대에는 57개국 3백여 명의 유학생들이 있지만 중국 흑룡강 지방에서 온 학생들이 다수 재학하고 있고, 특히 하얼빈 지역은 안중근 의사 등 일제 때 항일운동으로 한국에 대해 매우 우호적인 정서를 가지고 있다. 이번 말하기대회를 통해 중국 학생들의 한류에 대한 관심, 한국어에 대한 이해가 얼마나 높은지 실감했으며 한국어와 한국문화에 깊은 이해를 바탕으로 앞으로도 대학 및 학생과의 교류가 더욱 확대되기를 희망한다"고 밝혔다.

(중도일보 2016.11.22)

건양대, 베트남 HPC대학과 교류 협약

건양대는 최근 베트남 하노이 'HPC(HANOI POLYTECHNIC COLLEGE)'와 교류 협약을 체결했다.

양 대학은 유학 · 학술 교류를 위해 장소 제공 및 강사 교류, 교육 프로그램 지원 등을 약속했다.

김현중 국제교육원장은 "베트남 경제는 지속적으로 성장하고 있어 발전 가능성이 무한한 국가"라며 "이번 협약을 계기로 건양대가 국제적인 대학으로 성장하도록 노력하겠다"고 말했다.

(중도일보 2016.5.4.)

직접 모은 해외 토속품 전시하는 전직 외교관, '눈길'

귀한 사진이 나왔다. 옛 외양간(현 명곡)

현재의 글로벌 소품관 '명곡' 내부모습

30여 년간의 외교관 생활을 마무리하고 고향으로 돌아와 그동안 수집한 해외 토속품을 전시하고 있는 인물이 있어 눈길을 끌고 있다. 주인공은 대전시 외국인 투자유치자문관으로 활동하고 있는 김현중씨.

퇴직 이후 부모님 세대부터 살아온 초가집을 리모델링 해 살고 있는 김씨의 집 한 켠에는 이국적인 소품들로 가득하다. 외양간으로 쓰였던 좁은 공간이지만 현재 가면, 모자, 도자기류 등 30여 개국가에서 수집한 300여 점의 토속품들이 자리하고 있다.

명곡오픈 10주년 기념장식

그는 "처음부터 전시를 목적으로 다양한 토속품을 모은 것은 아니다"라며 "처음 방문하는 나라마다 시장에 가서 한 두개씩 사는 습관이 있다 보니 시간이 지나면서 점차 늘어나게 된 것"이라고 말했다.

그러면서 "특히 요즘에는 해외에 나 갈 때마다 다른 소품들 보다는 가면을 모으는데 집중하고 있다"며 "가면은 그 나라의 민속이나 전통을 상징하기 때문에 가치가 높다고 생각한다"고 설명했다.

김씨가 외교관으로 근무한 지역은 미국, 아프리카 부르키나파소, 중국, 대만, 홍콩, 일본 히로시마 · 도쿄 등 6개국 7개 지역이다. 하지만 본인 스스로 여행한 지역까지 합하면 50여 개국에 이른다.

그는 "어릴 때부터 역마살이 낀 것 아닌가 할 정도로 여행을 좋아하는 성향이 있었다"며 "여기에 외교관으로 근무할 수 있었던 덕분

벽에 걸려놓은 다양한 해외 작품들

에 많은 국가를 방문할 수 있었다"고 밝혔다.

이어 "하지만 단순히 여행을 많이 하는 것이 아니라 현지 사람들과 어울리고 그들의 언어와 문화를 배우려고 노력했다"며 "정식으로 야간학부 학생으로 등록해 중국어를 배운 경험도 있다"고 강조했다.

사람을 만나는 그 자체를 즐긴다는 김씨의 목표는 공간에 제약이 있는 자신의 집보다 넓은 전시 장소를 구하는 것이다.

김씨는 "동네 주민이나 인근 장태산을 찾는 관광객들이 전시된 토속품을 보고 좋아하는 모습을 보면 뿌듯하다"며 "기회가 된다면 조금 더 큰 전시공간을 구해 많은 사람들이 와서 볼 수 있었으면 좋겠다"고 덧붙였다.

(대전일보 2018.8.7)

등골마을 대보름제 '다문화 교류 장'

마을안녕 기원제 · 민속놀이 등 풍성… 주민 · 외국인 어우러져 소통시간

"앞으로 '대보름 등골마을 안녕기원제'를 소박한 '산촌스타일'의 소축제로 발전시켜 대전 시민들과 외국인들이 함께 교류하고 체험하는 전통문화 학습의 장이 되도록 노력하겠습니다."

대보름날 다문화 교류의 장이 열려 화제인 가운데 25일 김현중 대전국제교류센터 소장이 본보와의 인터뷰를 통해 전해주는 말이다.

김현중 대전국제교류센터 소장이 외교관 생활을 마치고 귀향한 고향인 서구 흑석동 등골마을에서 대보름을 맞아 마을안녕기원제를 부활시켜 주민소통과 다문화교류의 장을 마련했다.

대전 원도심에서 불과 10여㎞ 떨어진 등골마을은 정림동에서 등골길을 이용하면 자동차로 5분 거리에 위치해 있다.

지난 24일 정월대보름날, 오랜 세월 마을 수호신 역할을 하고 있는 정자나무 둘레에는 아주 오랜만에 새끼줄이 둘러져 있고, 바로 옆 논에는 달집 태우는 큰 불이 지펴졌다.

불판 둘레에서는 마을 주민과 다문화 가족 등 외국인이 서로 어울려 소금구이 즉석 바비큐와 오곡밥을 먹으며 투호놀이와 제기차기, 전통 쥐불놀이를 즐겼다. 박병석 국회부의장도 이 곳을 찾아 주민들과 농로 정비에 대한 민원을 들으며 대화를 나눴다.

김현중 소장은 "기억도 잘 안날 정도로 오랜만에 부활된 대보름 등골마을 안녕기원제는 흑석동 인근에서는 유일한 행사여서 주변의 주민들이 많이 찾아와 긴 겨울 동안의 안녕을 묻고 농사 정보를 나누며 소통하는 좋은 기회가 됐다"고 말했다.

정월 대보름, 대전 거주 외국인들과 함께

이날 캄보디아와 중국 등에서 시집 온 다문화 가족들과 미국 교포도 와서 한국의 전통 보름명절 문화를 체험하고 교류하며 즐거운 시간을 보냈다.

중국 길림에서 시집와 10여년째 대전에서 살고 있는 쉐엔초우씨는 "정월대보름제 현장을 처음으로 찾아 체험해 보게 돼 신기하고 재미있다"며, 세 자녀와 함께 수호목 앞에 차려진 제례상에 안녕을 기원하는 절을 했다.

김현중 소장은 이 마을에서 태어나 어린시절을 보내고 출향한 뒤 40여년만에 돌아와 글로벌 소품관 '명곡'을 꾸며놓고 마을주민과 외국인들의 소통과 교류의 장을 마련해 놓고 마을 주민들과 어울리며 봉사하고 있다.

김 소장은 "등골마을은 작년 여름부터 '아등모'(아름다운 등골 가꾸기 모임)를 만들어 매월 첫 일요일마다 마을 청소를 하고, 자력으로 국기 게양대와 마을 표지석과 게시판을 설치했다"고 소개했다.

"올해는 특히 마을 꽃길을 조성하고, 청정 자연의 명막산 길을 정비해 나갈 예정"이라는 김 소장은 "벽화조성 미화사업 등 등골 마을 발전을 위해 같이 참여해 줄 분은 연락주시기 바란다"고 말했다.

(중도일보 2013.2.25.)

'외교관서 농부로'
김현중 전 국제교류센터 소장 화제

귀농으로 제2의 인생 일궈

"요즘 저는 유기 농사 짓는 재미에 폭 빠져 삽니다."

김현중 본사 독자권익위원(전 국제교류센터 소장)이 3일 본보와의 인터뷰에서 "40년간의 외교관 생활을 정년으로 마무리하고 고향 흑석리로 귀향해 농부로 변신, 제2의 인생 이모작을 일구고 있다"고 말했다.

김현중 위원은 "지난해부터 집에서 차로 3~4분 떨어진 곳에서 밭농사를 짓고 있는데 가능한 4무(살충.제초제/농약/비료/비닐)를 실천하고 있다"며 "올해 처음 심은 고추 100주는 농약대신 식초(현미)와 효소에 물을 타서 주고, 아침마다 벌레를 잡아주고 있다"고 말했다.

그는 "산 비탈쪽 밭의 반은 매실 등 유실수(감 · 대추 · 매실 · 자두 · 호도 · 헛개 · 뽕 · 밤 · 살구 · 포도 · 오미자)를 심

감자 수확

고, 나머지에는 온갖 작물을 심었다"며 "최근 수확이 끝난 6쪽 마늘은 작년 늦가을에 2접을 심어 10접을 뽑았고, 유성농업기술센터에서 씨를 사 심은 5㎏의 감자는 굼벵이 해를 조금 입었지만 130여킬로그램 이상 거두어 형제들과 친지들에게도 보냈다"고 소개했다.

특히 "지금 자라고 있는 친구들은 수박, 참외, 땅콩, 강남콩, 옥수수, 토란, 열무, 들깨, 참깨, 대파, 취나물, 곰취, 방풍, 부지갱이, 더덕, 호박, 가지, 토마토, 콩, 아주까리, 고추"이라며 "완전 종합백화

점식인데 집사람은 유별나게 나물을 좋아해 아예 일정 구획을 떼어 분양해 버렸다"고 말했다.

김 위원은 "동네분들이 집 앞 정원에 조금 심어놓은 상추가 안자라 잎이 노래지자 요소 비료를 가져와 하얗게 뿌려 놓고 가기도 해 몰래 거두어 내기도 했다"며 "모두들 요즘은 농약 안해선 아무 것도 못 먹는다며 충고해주지만 아직까지는 '마이웨이'로 가고 있다"고 소개했다. 그는 "농사 요령은 대개는 동네분이 옆에서 하는 대로 따라가고 있지만 수시로 농업인상담소에 들러 묻고 자연스레 알게 된 주변 귀농 선배들과 교류하며 터득해 나가고 있다"고 밝혔다.

김 위원은 "다행히 올해 감자의 수확량이 작년보다 3배 정도 많아 '흙 사랑'한 보람을 느끼고 있다"며 "최근에는 사회적 기업 자문위원으로 위촉받아 퇴임 후의 삶을 보람있게 지낼 수 있어 감사하다"고 말했다.

(중도일보 2013.7.3.)

"우체통서 태어난 아기딱새들, 정들자 이별이네요"

김현중 전 국제교류문화센터 소장, '새알' 사연 그 이후 이야기 전해와

"새들을 시집보낸 마음은 허전합니다."

본사 독자권익위원인 김현중 전 국제교류문화센터 소장이 26일 본보에 한통의 이메일과 사진을 보내왔다.

지난달 이름모를 들새가 김 소장의 생가인 시골 농가 자택 우편함에 알을 낳아 신기하다며 이메일과 사진을 보내줬던 김 소장은 이날 새알 사진 대신 부화된 새끼새들의 사진과 함께 사연을 전해줬다.

김 소장은 "저의 집 대문위 우편함에 둥지를 틀고 태어난 딱새 여섯마리 가족들이 오늘 아침 날개짓을 하며 떠나 이별을 하게 되니 제 마음은 딸을 시집 보낸 마음처럼 허전하다"고 말했다.

김 소장은 "그렇지만 외교관 생활을 마치고 고향에 내려와 인생 이모작을 하는 중 조류 생태에 관심을 갖게 해주어 감사할 뿐"이라

고 밝혔다.

김 소장은 "시골집 대문 위에 걸어 놓은 새집 모양의 우편함에 무허가로 둥지를 틀고 6개의 알을 낳았던 딱새는 4주만인 오늘 아침에 모두 둥지를 떠났다"며 "매일 여섯마리의 새끼들과 인사하며 지내 정들어서 그런지 마음 한 구석이 허전한 느낌"이라고 말했다.

김 소장은 "도시생태연구소 박병권 박사님의 귀띔대로 정확하게 알에서 2주만에 새끼가 나왔고, 2주동안 커서 저들의 세상으로 날개짓을 한 셈"이라고 소개했다.

김 소장은 "새알을 발견한후부터 그동안 전문가와 소통하면서 생태계를 관찰하는 기회를 가졌다"며 "새끼들은 3주차까지는 입을 크게 벌리면서 배고픈 모습을 보여주었지만 4주차가 되면서부터는

털 색깔이 검어지고 둥지 밖 공간으로 나와 서로 엉켜 아무 움직임도 없었다"고 기억했다. 김 소장은 "놀란 제 아내는 혹시 사고(?)라도 나지 않았나 하고 걱정까지 했다"며 "어미새가 먹이도 안 물어오고 밤낮없이 울어대는 모습으로 보아 날씨도 덥고 새끼들이 자랐으니 밖으로 나와 자립하라는 신호로 나름대로 해석도 해보았다"고 말했다.

김 소장은 "박병권 박사님의 조언대로 우편함은 새의 집으로 '용도변경'(?)하기로 마음을 먹었다"며 "딱새들은 한해에 2~3번 번식이 가능해 환경이 좋으면 또 알을 낳을 수 있다고 하니 다시 새들이 알을 낳으러 오길 기다리는 마음"이라고 말했다.

그는 "새들과 한 달간 같이 살다 떠나 보낸 마음은 허전하지만 인생 2모작 시점에 새롭게 조류 생태에 관심을 갖게 해준 딱새 가족들에게 감사할 뿐"이라고 아쉬움과 고마움을 한데 담아 전했다.

(중도일보 2013.6.26.)

대전국제교류센터장 인터뷰

대전국제교류센터를 방문한 중도일보 명예기자 김린(베트남)

지난 4일 대전 국제교류센터 김현중 센터장을 만나 인터뷰를 가졌다.

— 국제교류센터의 설립 배경은 어떻게 되나요?

▲국제교류센터(Daejeon International Center)는 대전에 거주하고 있는 2만 5000여 다양한 외국인들의 정착과 문화적응을 지원하고, 민간 국제교류 활성화를 통해 시민의 국제화 역량을 강화하여

국제도시로서의 대전의 위상을 높이기 위하여 2005년 6월에 설립되었다.

— 국제교류센터에서는 어떤 일을 하나요?

▲ 첫째로 국제교류 사업이다. 대전시는 외국의 33개 도시들과 자매 또는 우호도시 관계를 맺고 있다. 국제교류센터에서는 이들 도시들과 네트워크를 통해 다양한 교류를 추진해 나가고 있다. 예를 들어, 러시아 노보시비르스키 시에서 한국어 말하기 대회를 개최하거나 일본 쓰쿠바 시의 청소년들이 대전을 방문하여 교류를 하는 사업 등이다.

둘째로 시민국제화 사업이다. 매년 가을 "세계인 어울림 한마당&국제자선바자회"를 개최하고 있다. 금년도 행사는 이달 27일(토) 대전 시청 옆 보라매공원에서 개최된다. 이 행사를 위해 다양한 문화 예술 공연과 음식 체험 등이 준비되고 있다. 또한 영어, 중국어, 일본어 및 베트남어 강좌를 운영하고 있다.

셋째로 외국인 지원 사업이다. 시민들과의 소통 확대와 문화 체험을 위하여 한국어 교실을 운영하고, 한복 대여 서비스를 하고 있다. 또한 매년 봄에는 유학생 체육대회를 개최하고 있다.

넷째로 국제화 네트워크 구축 사업이다. 유학생 네트워크를 구축토록 지원하고 외국인 커뮤니티가 육성되도록 지원하고 있다.

— 국제교류센터가 대전 시민들에게 미치는 영향은 어떤 것들이 있을까요?

▲ 우선 거주 외국인들과의 교류를 통해 시민들의 글로벌 역량이 높아지고, 자매도시들과의 우호와 친선도 증진될 것이다. 또한 이를 통해 대전의 이미지가 세계 각지에 알려져 외국 유학생이나 관광객 그리고 기업인들이 더 많이 대전을 찾을 것이다.

— 마지막으로 한마디

▲ 대전국제교류센터가 출범한지 13년 되었다. 더 많은 외국인들과 대전 시민들이 센터에 대해 알고, 프로그램에 참여하는 계기가 되기를 바란다.

중도일보/ 김린(베트남) · 서혜연 명예기자(2018. 10.22)

김현중 외교통상부 영사콜센터 소장 '고운문화상' 수상

제18회 고운문화상 수상자와 함께(왼쪽 첫번째)

외교부는 김현중 영사콜센터 소장이 2007년 '제18회 고운문화상'을 수상했다고 지난 27일 밝혔다.

김소장은 영사콜센터를 24시간 연중무휴로 운영하면서, 음성과 데이터망을 통한 웹기반 IPCC를 구축해 국내 공공기관 최초의 인터넷 기반 콜센터 시스템을 조성했다. 또 중앙행정기관으로 '자원봉사자' 제도를 도입하고 대국민 홍보에도 노력했다.

(재외동포 신문)

코로나 팬데믹의 시대, 커뮤니티가 중요하다

지난 11월 15일부터 대전의 서구 구봉산 아래 관저마을에서 아주 의미 있는 전시회가 열리고 있다. 정재홍 에이스아카데미원장이 운영하는 '관저마을 역사관'이 주관하는 '옛향기 사진전'이 시작된 것이다. 테이프 커팅 전에는 지역의 '구봉풍물단'이 꽹가리와 징을 치며 전시회장 안팎을 돌며 흥을 돋구었다.

이번 전시회는 관저동과 인근 기성동, 가수원동의 동사무소, 초등학교, 금융기관 등 기관과 통장협의회 등 단체 그리고 자원봉사자 네트워크에 의해 준비되었다.

초등학교 가을 운동회, 구봉산에서 본 느리울 동네, 건양대병원이 들어선 만수원 터, 1969년 고교시절 필자가 질통으로 모래를 나르며 알바했던 괴곡교 가설 준공식, 물동이 이고 나르는 여인들, 결핵 예방주사를 위해 모여있는 아이들, 흑석 5일 장터에서 막걸리 마시는 노인들, 냇가에서 배추 씻는 아낙네들, 구들 놓으며 시골집

짓는 모습, 상여 나갈 때의 요령잡이 모습, 옛 흑석리 역 모습 등. 1960년 대 말 미국 평화봉사단원으로 흑석리에 나와 있었던 후랭크 악셀씨가 찍었던 사진들이다. 정겹고 흥미로웠다.

그리고 건양중고등학교, 건양대학교, 건양대병원 등 건양교육재단 설립자 명곡 김희수 박사의 어린 시절과 건양대 병원 초기 건설 장면 사진도 전시되어 있다.

관저동은 옛 기성관(杞城館) 아래에 있던 마을로 관하촌(館下村) 또는 관저리(館底里)라 불렸다. 그러나 180여 년 전 중국 시경의 첫 구절 '관관저구(關關雎鳩) 재하지주(在河之洲)'에서 인용, 좋은 의미의 관저리(關雎里)로 바뀠다.

구봉산 정상에 오르면 천지개벽한 관저, 가수원의 현재 모습이 한눈에 들어온다. 이 일대의 인구는 11만 명 대로 늘었다. 지명도 무시 못하는 것 같다. 구봉산 너머는 나의 고향이며 살고 있는 옛 '대덕군 기성면 흑석리'다. 왠지 옛 지명이 맘에 더 든다.

1861년 김정호의 대동여지도에 진잠을 중심으로 한 구봉산 일대의 지명들이 나왔다. 지금의 가수원은 개수원(介水院)으로 표기되어 있었다.

작년 말에 문을 연 대전 최초의 마을 역사관인 '관저마을 역사관'에는 나막신부터 재봉틀, 타자기, 가마니 틀 그리고 벼 탈곡하는 홀태 등 옛 생활, 농사 도구들이 빼곡하다. 그리고 관저 마을의 옛 지도, 옛 지명 유래 등이 잘 정리돼 있다.

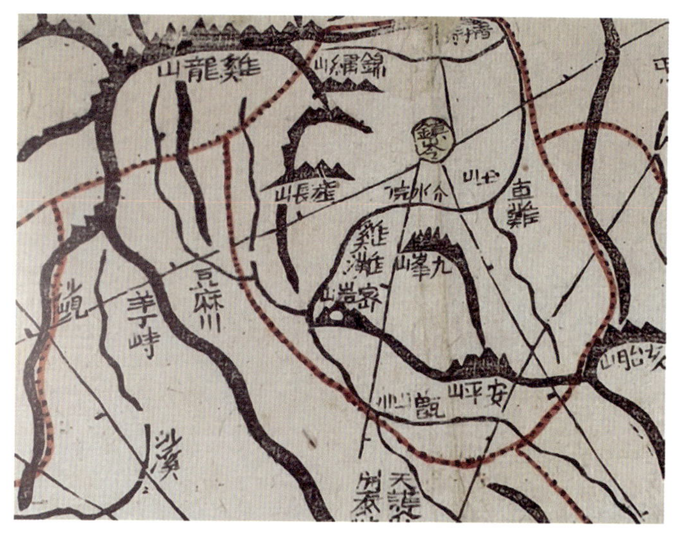

대동여지도(1861년)에 나온 대전시 서구 관저동

정 원장은 일어, 중국어 등 외국어 재능기부 활동을 해오고 있다 그는 선조들의 삶을 돌아보는 일은 지혜로운 미래의 삶에 도움이 될 것이라고 하며 앞으로 계속 발전시켜 나갈 것이라고 말했다.

코로나 팬데믹 상황에서 일상의 행동반경이 줄어들었다. 마음대로 여기저기 쏘다니기는 아직 부담스럽다. 주로 커뮤니티에서 일보며 교류하는 삶이 일상이 되었다.

관저마을역사관이 코로나 상황을 뚫고 큰일을 해냈다. 앞으로 무슨 일이든 상생 협력하며 해 볼 수 있는 끈끈한 네트워크가 만들어진 셈이다. 커뮤니티 활성화의 모범사례로 본다. 문화와 역사 콘텐츠가 중요해지는 시대이다. 계속 이어나가기를 기대해본다.

필자는 지난 5월부터 건양교육재단 건양역사관장을 맡고 있다.

매일 출근하는 곳이 관저동이라 옛 기성관 관하의 '관저리'에 애정을 가지고 있다. 커뮤니티의 중요성을 생각하고 건양역사관의 리플렛과 기념 볼펜을 들고 동사무소와 신협 등에 다니며 발품을 팔고 있다. 또 '관저리' 커뮤니티의 소통 역할을 하고 있는 '관저마을신문'과 '관저 FM 유투브'에도 알렸다. 이제는 산책하다 들리는 주민도 있고, 유치원생의 가족들도 와서 자유롭게 와서 책도 보며 시간을 보내고 있다. 어느 분은 '건양(建陽)'의 교육철학에 관심을 가진 분도 만났었다. 지금 있는 커뮤니티가 중요한 것 같다. 아울러 흑석리(등골) 필자의 시골집 외양간에 차려 놓은 '글로벌 소품관 명곡(明谷)'도 소개했다.

(중도일보 2021.11.16.)

인재양성의 맥을 이어가는 '놀뫼'

'놀뫼'는 논산(論山)의 옛 이름이다. 신라 경덕왕 때는 황산(黃山), 1656년 유형원의 동국여지지(東國輿地誌)에는 답산(畓山)이다. 답(畓)은 논, 산은 뫼 '논뫼'다. '논뫼'다리(답산교)도 있었다. 1757년 여지도서(輿地圖書)에는 논산리(論山里)가 등장한다. 논이 산처럼 많은 곡창지대이다.

필자는 2011년 전 공직 은퇴 후 4년간 은진미륵의 반야산 기슭에 자리한 지역인재 양성의 요람 건양대학교에 다닌 인연이 있다. 나의 고향 대전 못지않은 따스한 애정이 있다.

논산은 17세기 충청유교문화의 중심지요, 기호예학의 산실이다. 연산(連山)과 노성(魯城)은 사계(沙溪) 김장생(金長生)과 김집(金集), 윤증(尹拯)의 주 활동 무대였다. 김장생은 율곡(栗谷)의 제자요, 송시열(宋時烈)의 스승이다. 당시 전국에서 학동들이 몰려 대유학자를 배출한 곳이다. 광산김씨(光山金氏)와 파평윤씨(波平尹氏)

논산 돈암서원(세계문화유산)

가문의 종학(宗學)도 유행하였다,

논산 지역에는 사계 선생을 기리는 돈암서원과 윤황(尹煌)선생의 노강서원 그리고 계백, 사육신을 추모하는 충곡서원 등 10개의 서원이 있다. 또 향교, 사우, 누정, 묘, 종학당(宗學堂) 등 180여 건의 다양한 유교 문화가 살아 숨 쉬며 5~600여 년 전 선조들의 가르침을 이어주고 있다.

아울러 전국에 두 곳 뿐인 공자의 영정을 봉안한 궐리사가 노성면 교촌리에 있다. 궐리는 공자가 태어나 자란 중국 산동성 곡부현 궐리촌에서 유래했다. 알게 모르게 우리의 일상에 들어와 있는 유학의 가르침을 되돌아보게 하는 곳이다.

돈암서원이 2019년에 세계문화유산으로 등록되었다. 마무리 단계에 있는 충청유교문화원(노성면 병사리)이 문을 열면 유교 학술 연구, 자료수집 전시, 교육 및 국제교류 등이 활발해져 '놀뫼'가 다시인문학의 성지가 될 것으로 기대된다. 논산문화원에서는 '논산학' 강좌 등을 통해 '놀뫼'의 지역 전통문화를 계승 발전시키 위해 다양한 노력을 기울이고 있다.

논산은 육로나 금강을 이용한 수로로 백제의 도읍 웅진과 사비를 지키는 중요한 교통 요충지였다. 또 내륙의 수운과 해운을 연결하는 접점으로 풍요로운 경제와 높은 수준의 문화가 꽃피었던 곳이다.

조선시대 이중환이 택리지(擇里志)를 탈고한 강경은 한때 우리나라의 3대 시장, 2대 포구의 한 곳으로 조선을 대표하는 상업 도시였다. 논산 일대에는 1900년대 초 개화기에 신문화가 들어와 창홍, 보명, 한남, 만동학교 등 근대교육이 일찍 시작된 곳이다. 돈암서원에도 여명(黎明)학교가 설립되었다.

이러한 맥이 이어져 내려온 논산이 다양한 인재양성의 요람이 되어가고 있다. 먼저 연 13만여 명의 호국 장병을 양성하는 육군훈련소가 있다. 그리고 육군항공학교, 국방대학교도 있다. 지역에서는 육군사관학교도 이전해야 한다고 소리 내고 있다. 그 외 충남인터넷고와 체육고 그리고 건양대학교, 금강대학교, 폴리텍대학교 바이오 캠퍼스도 있다.

4년 전 외국 유학생들과 함께 황산벌 전투재현 축제장에 가 본 적이 있다. 660년 8월 20일, 5만 신라군과 맞선 5000의 계백 결사대의 기백 그대로였다. '놀뫼'는 대륙을 향해 포효하는 호랑이의 힘을 상징하는 땅이다.

오늘의 건양교육재단은 1979년 당시 영등포에서 김안과병원을 운영하던 명곡 김희수 박사가 고향 논산 양촌 남산리에 있는 인수(仁水)농업기술학교를 인수해 양촌중학교로 출발하였다. 애향심으로 시작했다. 건양중 · 고등학교가 서 있는 곳은 '벌들이 사방에서 모이는 풍수'의 봉소(蜂巢)마을이다. 한때는 학생 수가 1800여 명에 이르렀었다. 충남도 유일의 전원 기숙형 사립고이다.

1991년에는 다시 건양대학교를 세워 논산 지역 발전에 기여하고 있다. 2000년에 건양대학교 병원을 개원했고, 2012년에는 건양사이버 대학교를 설립했다. 지역인재를 키우겠다는 사명감으로 시작하여 무에서 유를 이루었다. '놀뫼'는 예나 지금이나 인재양성의 요람이다.

50년 역사의 논산 딸기는 일품이다. 그리고 대추, 곶감 그리고 황토 고구마도 꿀맛이다. 요즘도 연산 장날(5일, 10일)에 가 묘목도 사고 순대국밥도 먹으며 연을 이어오고 있다.

(대전일보. 2021. 12.14)

대전 '흑석리'를 아시나요

지난 3월6일은 겨울잠을 자던 개구리, 벌레가 땅 속에서 깨어난다는 경칩(驚蟄)이었다. 잊을뻔했는데 전주에 사는 친구로부터 온 SNS를 보고 알았다. 봄 햇빛이 좋아 혼자 흑석산성(대전시 기념물 15호)을 찾았다. 산성 입구 작은 연못에서 개구리의 울음소리가 들렸다.

흑석산성은 고무래봉(197m) 정상에 쌓은 둘레 470m의 백제시대 성이다. 밀암 산성 및 진현성(眞峴城)으로 불린다. '산성의 도시 대전'의 40여개 성 가운데 하나로 나당연합군이 신라로 가기 위해 지나야 하는 요충이었다. 2년 만에 다시 올라 보니 주변 풍광이 좋았다. 당나라 장수 소정방이 진을 치고 하룻밤 묵었다는 정방이 마을이 눈 아래 들어온다. 삼각 형태의 성터 흔적이 뚜렸했다. 건물터로 보이는 평탄지에서는 토기와 기와 조각이 많이 출토되었다고 한다,

성터를 거닐다가 발끝에 작은 점무늬 줄이 선명한 기와 조각이 차였다. 산성 아래에서 계룡산의 두마천(豆磨川)과 대둔산의 벌곡천이 만나 갑천(甲川)이 된다.

산성 입구는 '승상골'이다. 고려시대에 승상 벼슬을 한 왕(王)씨 성을 가진 인물이 살았다는 마을이다. 산성을 오르는 길은 낙엽이 많이 쌓여 푹신푹신하다. 천천히 걸으면 왕복 1시간 반 정도의 거리다. 가볍게 산책하기에 딱 좋다. 정상에 망루를 짓고 성곽을 복원하면 계족산성 못지않은 대전 남부권의 명소가 될 수 있을 것이다.

흑석리는 예부터 대전시민들이 물놀이하러 많이 다녀 어릴적 향수가 서린 곳이다. 가수원 사거리에서 자동차로 7-8분 달리면 기성동(행정동명) 이다. 서구 면적의 반 이상을 차지하는 대전의 허파이다. 관할 법정동으로 흑석동, 매노동 등 10개가 있다. 시내에서 가까워 주말 주택이나 텃밭으로 인기가 좋아 땅값이 치솟고 있다. 기성동 지역에는 30여 개의 요양시설이 있다. 또 대전 최대의 축산농가(100여개) 밀집지역이다. '흑석브랜드'의 한우 먹거리 단지도 태어나길 기대해 본다.

인근에 있는 장태산은 대전 8경, 그리고 한국관광공사의 우리나라 대표 관광지 100선의 하나이다. 논산 출신의 고 임창봉 선생이

장태산휴양림 메타세콰이아 숲

1972년부터 24만평 규모에 가꾼 국내 유일 7천여 그루의 메타세콰이어 숲은 전국에서 찾는 명소가 되었다. 휴양림 안에 출렁다리가 완공되어 시민들이 많이 찾고 있다. 주변에 도예체험관, 팬션들이 들어서고 있다.

고향에 장태산이 있어 행복하다. 외지에서 지인들이 찾아오면 찾아가 안내하며 자랑할 수 있기 때문이다. 그 외 가볼 만한 곳도 많이 있다. 산과 물길이 수려해 주말이면 상보안, 장평보 그리고 흑석산성 유원지와 갑천 물길이 휘감아 도는 구봉산 아래 천변을 찾는 캠핑객들이 많다. 코로나 팬데믹 이후 더 붐빈다. 최근 적십자 수련원에 조성된 구절초 테마파크가 조성되었다. 평촌동 증촌마을의 지경(地硬)다지기와 우명동의 두레농악놀이는 긴 역사를 자랑한다. 주변에는 고인돌과 도요지도 있다.

앞으로 충청권 광역철도 계획에 의해 흑석리역이 부활된다. 필자가 중고등학교 시절 기차 통학하며 추억이 많던 곳이다. 어린 시절 흑석리에 섰던 5일 장 그리고 흑석 막걸리를 빚던 양조장도 서서히 부활되면 좋겠다. 왜 그런지 옛날의 것들이 모두 정겹고 그립다. 흑석리 부근도 산업화가 진행 중이다. 평촌 일대에 30여만 평의 산업단지 공사가 한창이다. 단지에서 직접 논산으로 가는 도로가 연결된다. 도시가스가 들어오고 아파트 단지도 들어서며 어린시절의 흑석리 모습은 희미해 질 것이다.

필자는 1960년대 말 '조국근대화의 기수'로 출향(出鄕)하여 40년 만에 흑석리 등골 마을로 돌아왔다. 슬레이트 지붕을 갈고 '삼광' 벼농사 지으며 산지 10년을 넘겼다. 고향사랑을 비롯한 지난 칠십 인생을 되돌아 본 이야기의 원고를 마감한다.

(중도일보 2022. 3.11.)

사회복지, 누구나 필요한 시대다

춘래불사춘(春來不似春), 봄이 왔어도 으스스한 날씨다. 매화, 진달래가 피고 세월이 가면 물러설 줄 알았던 코로나 팬데믹은 아직이다. 연초 무언가 다른 것을 시도해보려 '사회복지'에 눈을 돌렸다. 건양사이버대학교 보건의료복지학과에 편입했다. 한 달 넘어가니 강의 소화에 별 막힘이 없다. 작심삼일은 안된다. 수업료 냈으니 계속 가야 한다. 계절학기 이용하면 1년 반에 끝낼 수 있다.

UN이 정한 평생연령 기준에 의하면 18세~65세는 청년, 66세~79세는 중년, 80세~99세는 노년이다. 100세 이상은 장수 노인이다. 또 노인 구분 세분화에 의하면 65세~74세는 연소 노인(young-old), 75세~84세는 중고령 노인(middle-old)이다. 교수님은 우스개로 인생 파노라마를 소개한다. 하늘에서 '70세에 부르면 아직 할 일이 많아서… 80세는 갈 곳이 많아서… 90세는 할 일도 많고 건강한데 억 울해서 못 가겠다고 전해 주어라'. 그리고 '학생들이 노년이 되는 80세까지는 일해야 한다'고 강조한다. 필자는 아직 할 일도, 갈 곳도 많다. 건강하다. 유엔 기준의 '중년', '연소 노인'이다. 올해 은퇴 11년 차이다. 농사지으며 직장 다니고, 공부하는 '쓰리잡' 삶이다.

한국은 2021년 말 기준 65세 이상 인구 비율이 16.5%로 고령사회이다. 20% 이상의 초고령사회는 2025년에 예상된다. 10여 년 전 9988234라는 건배사가 유행되었었다. 99세까지 팔팔하게 살다가 2~3일 만에 생을 마감(4)한다는 뜻이다. 지금은 9988123로 바뀌었다. 실버세대들이 즐겨 찾는 구호가 또 있다. 누우면 죽고 걸으면 산다, '누죽걸산'. 백세까지 두발로 걸어 산에 오르자, '백두산'.

'뉴실버세대'는 이전의 노인세대와는 다르다. 건강도 잘 유지하며 적극적으로 사회활동을 하고 자식들에게 손 안벌리고 독립적인 생활을 이어나가고자 하는 새로운 실버세대다. 이들은 집에서 손주를 보거나 하는 일 없이 빈둥대지 않고 일자리를 찾으며 현직의 경험과 삶의 지혜를 적극 활용하고자 노력한다. 한국인들이 죽을 때 가장 후회하는 것이 3가지 있다. 베풀걸, 즐길걸, 잘할걸… '걸걸걸' 하며 사는 게 인생이다.

고령화에 따라 실버산업이 빠르게 커나가고 있다. 생활권인 기성동, 관저동 부근에도 요양원, 재가복지센터, 의료복지용품점 등이 많이 보인다. 주거와 의료, 레저 등 다양한 방면에 실버 비즈니스가 성장해 나가고 있다. 특히 IT와 결합된 서비스가 주목받고 있다. 아침에 반려 로봇이 독거 어르신 곁에 다가와 '어르신 일어날 시간이네요' '약 드실 시간 되었어요' 하며 애교 떠는 일상이 올 것이다. 요즈음 칠순, 팔순 때 자녀들이 해외여행을 보내주거나 잔치상을 차려주는 것보다는 주름 펴고, 검은 점 빼는 성형수술이 최고 선물이다. 글로벌 시대다. 국내 시장은 너무 좁다. 4천조 규모의 중국 시장과 고령화 속도 톱 텐 국가의 하나인 베트남을 개척해도 좋을 것이다.

우리나라의 노인들은 6고(苦)에 처해 있다. 빈고(貧苦), 병고(病苦), 고독고(孤獨苦), 무위고(無位苦), 여가고(餘暇苦), 부양고(扶養苦)다. 가난과 만성질환에 외롭고 또 소외되어 역할이 없는 게 현실이다. 필자는 영화관의 시니어 도우미와 공영주차 서비스직에 일하며 고객들로부터 갑질 비슷한 언행과 태도를 경험했다. 나이 많다는 이유로 편견과 부정적인 이미지로 흘김 받지 않는 온정 사회가 되길 바란다.

'60에 청춘이요, 90에 환갑이요'의 정년 없는 100세 인생시대다. 노후에 '보물'이 될거냐? '고물'이 될거냐?는 준비하기에 달렸다. 지역사회복지서비스의 효시인 1869년 영국의 자선조직협회(COS)는 '물고기를 던져주지 말고 잡는 방법을 가르쳐 주라'고 했다. 할 일이 많은 새 정부에 촘촘한 생산적 복지 정책을 기대해 본다.

(중도일보 2022.4.4.)

감사의 글

지난해 70세 기념으로 내보려던 『뜻 위에 길을 만들다』가 드디어 빛을 보게 되었습니다. 책 내는 게 처음이니 지인들의 조언도 듣고, 서울도 다니며 발품 팔았습니다. 처음에는 컬럼이나 기고문, 보도기사 위주로 쉽게 내보려 했습니다. 그러나 10여 년 전 보도기사로는 별 의미가 없을 것이라는 권고를 듣고 나서 바뀌었습니다.

옛 사진 보며 또 가족과 얘기하며 시간 나는 대로 자판을 두드렸습니다. 비슷한 내용은 줄이고 다듬었습니다. 아직 숨어 있는 것도 있을 것입니다. 오늘날과 같은 IT시대에는 짧게 그리고 핵심을 먼저 이야기하는 두괄식으로 하는 게 좋다는 것도 알게 되어 시도해 보았습니다. 아무튼 쉽지 않은 작업이었습니다. 은퇴 후 지역신문에 기고하며 시민기자로 또 독자위원으로 활동했던 것이 도움이 된 느낌입니다.

신문은 내 '인생 항로의 나침판' 역할을 해 주었습니다. 뜻 위에 길을 만들어 나가게 인도한 것입니다. 은행 쓰레기통에서 담뱃재

털고 꺼낸 신문은 나에겐 당시는 '고급 정보'였습니다.

요즈음 나이와 관계없이 현역처럼 활약하고 있는 분들이 많습니다. 연예계만 보더라도 송해, 이순재, 최불암, 김영옥 그리고 미나리의 윤여정, 오영수… 세계를 휩쓴 '오징어 게임'의 깐부 할아버지 역의 오영수는 말했습니다. "평생 자기 길 성실하면 모두 각자 삶의 1등일 것"이라고.

앞으로 해보고 싶은 것이 많습니다. 또 세상은 넓고 갈 곳도 많습니다. 시골집의 글로벌 소품관을 더 멋지게 꾸미고, 글로벌 카페와 작은 도서실을 만들어 지역주민 그리고 글로벌 교류하기, 베트남, 몽골에 들어가 농사짓고 새마을 운동하며 살아보기, 아프리카 사하라 사막 여행하기, 농촌 쓰레기 주워 재활용하기, 백제문화해설가와 사회복지사 도전 등입니다. 뜻 위에 길을 만들어 온 지난 70년이 100세 건강인생시대의 나에게 든든한 자산이 될 것입니다. 퓰리처상을 받은 재레드 다이아몬드는 "70세가 그의 인생의 최고의 순간 중 한때" 라고 말했습니다. 좋아하는 말입니다.

이 책이 나오기까지 따뜻한 격려와 용기를 주신 건양교육재단 설립자겸 건양대학교 명예총장 명곡 김희수 의학박사님께 감사드립니다. 또 조언을 아끼지 않으신 건양대학교 송정란 교수님, 전 건양대학교 라윤도 교수님, 한국문화해외교류협회 김우영 회장님과 이

홍렬 사장님, 윤여선 관세청 관우문에 간사장님께 감사드립니다. 아울러 월드코리안 이종환 대표님, 전 대전여성문학회 송은애 회장님, 중도일보 한성일 국장님, 대전일보 전 곽상훈 편집국장님께도 고마움을 표합니다.

아프리카 오지 부르키나파소에서 동고동락했던 임교순 사장, 김선공 전 정부파견 태권도 사범, 현재 부르키나파소 한인회를 이끌고 있는 황옥곤 회장님도 도움을 주셨습니다. 그리고 김국경 치바민단 부단장 겸 장이지부 단장님, 주일대사관 김병록님, 윤미선님께도 감사드립니다.

자료 편집에 수고해준 건양대학교병원 김천수 종합검진실장님, 건양사이버대학교 이태준 씨에게 고마움을 표합니다. 그리고 처음부터 세심하게 살펴주신 도서출판 심지 윤영진 대표님과 한천규 차장님께 사의를 표합니다.

오늘도 어김없이 건양교육재단 역사관 카운터에 앉아 있습니다. 역사와 문화를 더 가까이하며 기호지세(騎虎之勢)로 컬럼도 쓰고, 책도 더 내보며 힘을 내야겠습니다. 건강한 몸 유지가 중요할 것 같습니다. 아직 저에겐 30년 이상의 세월이 남았습니다.

100세 건강시대의 '글로벌 로드'를 향해 발걸음을 내딛습니다.

감사합니다.

김현중 드림

〈글로벌 소품관 명곡 소개〉

- 대전시 서구 언목재길 367-22(흑석동)
- 대전 서구청 유튜브 https://youtube/YLpzfBM0lmc
  (세계여행 이색박물관 글로벌소품관 명곡)
- 대전 서구청 네이버 블로그 :
  (외양간으로 떠나는 색다른 세계여행, 글로벌소품관 '명곡')
- hyunjoongkim21@gmail.com
- 010-9069-4488

흙수저 외교관 김현중의 글로벌 삶 이야기

뜻 위에 길을 만들다

2022년 4월 19일 초판 1쇄 발행

지은이 김현중
펴낸곳 도서출판 심지
등록 제 2003-00014호
주소 34570 대전광역시 동구 대전천북로 12
전화 042 635 9942
팩스 042 635 9941
전자우편 simji42@hanmail.net

ISBN 978-89-6627-221-1 03810

* 저자와의 협의에 의해 인지를 생략합니다.